Spirituelle Therapie

paraṃ

Helga Mohrmann und Ilona Steinert

Spirituelle Therapie

Das Lebenslabyrinth lösen

paraṃ

Bibliografische Information Der Deutschen Bibliothek

Die Deutsche Bibliothek verzeichnet diese Publikation
in der Deutschen Nationalbibliografie;
detaillierte bibliografische Daten sind im Internet über
http://dnb.ddb.de abrufbar.

Gestaltung und Illustration ComGraphiX, Ahlerstedt
Umschlagfoto © harmonie57
Gesamtherstellung Druckallianz, Brno

ISBN 978-3-88755-**315**-9

www.param-verlag.de

param.

Die Reise beginnt

Wanderer, die in ein unbekanntes Land reisen wollen, sind gut beraten, sich einem erfahrenen Reiseführer anzuvertrauen, der diesen Weg zuvor schon selbst gegangen ist. Wir sind zwei Frauen auf dem Weg zu unserem wahren Selbst, und gleichzeitig begleiten wir als Therapeutinnen viele Menschen auf diesem Weg. Wir verstehen unseren Beruf symbolisch als Reiseführerinnen. Seit vielen Jahren sind wir in eigenen Prozessen kontinuierlich gewachsen und haben das Entdeckte an andere Menschen weitergegeben. Wir durchwandern bewusst unsere eigenen Lebensphasen und gleichzeitig begleiten wir Teilnehmerinnen und Teilnehmer auf ihrer individuellen Suche nach einem erfüllten Leben. Als Frauen führen wir Menschen mit Herz und Klarheit durch ihre schweren Lebenskrisen, um ihr Schicksal aufzuarbeiten, es anzunehmen und so aus den schmerzhaften Situationen authentischer und kraftvoller hervorzugehen.

Die Inspiration zu diesem Buch entstand aus unserem Wunsch, Mut zu machen und Anstoß zu geben, dass Sie den Weg zu Ihrem wahren Selbst weiter gehen und nicht mittendrin stehen bleiben. Viele Wanderer erschweren sich an manchen Stationen ihren Lebensweg. Uns fällt auf, dass sich Frauen und Männer trotz vieler Bemühungen und großer zeitlicher und finanzieller Investitionen in ihr Wachstum, oftmals auf einem Zick-Zack-Kurs verirren. Unser Buch soll ein so konkreter wie liebevoller Hinweis sein, schneller zu erkennen, welche Wegstrecke Sie gerade gehen, was Ihre wesentlichen Themen auf diesem Lebensabschnitt sind und in welchen Fallen Sie stecken bleiben könnten.

Wir verwenden in diesem Buch immer wieder die Analogie des Labyrinths. Das Labyrinth ist ein fünftausend Jahre altes mystisches Symbol für Selbstfindung und die Suche nach Spiritualität. Jeder Mensch ist mit seiner Geschichte in einem Lebenslabyrinth unterwegs. Das Bild des Labyrinths soll gewisse Abschnitte und Ereignisse bewusst machen, um Wiederholungen und Zusammenhänge im eigenen Leben besser zu verstehen.

In einem Irrgarten verliert man sich und kann für lange Zeit stecken bleiben. Doch in einem Labyrinth führt der Weg niemals in die Verwirrung. In einem Labyrinth gibt es zwar Hin- und Herbewegungen, aber der Weg führt eindeutig zur Mitte, zum eigenen Wesenskern. Die Frage: »Ist mein Weg richtig oder ist er falsch?«, stellt das Labyrinth als unwesentlich hin und vermittelt damit eine klare Botschaft. Im Labyrinth stellt sich nur die Frage: »Weiter gehen oder stehen bleiben?«

Auf dem Weg durchs Labyrinth, auf dem Lebensweg, muss jede Kurve durchschritten werden, auch wenn sie zwischenzeitlich von der Mitte fort führt. Nichts kann ausgelassen werden. Es gibt keinen längeren oder kürzeren Weg zum Wesenskern. Wer jedoch aus den Lebenswendungen lernt, also nicht stehen bleibt, für den sind Fehler keine Zeitverschwendung, sondern sie dienen der Heilung. Ist eine innere Bereitschaft zu tiefer Selbsterfahrung und ein Wille zur Wandlung alter, sich wiederholender Muster vorhanden, führen Lebenskrisen zu Lebenskraft und scheinbare Irrtümer verwandeln sich in Weisheit.

param

Es gibt auf der Welt
einen einzigen Weg, den Niemand
gehen kann außer Dir.
Wohin er führt, frage nicht!
Gehe ihn...

Friedrich Nietzsche

param

Das Labyrinth des Lebens

Das Labyrinth symbolisiert die stetige Hinwendung zum innersten Wesenskern. Jeder Menschen hat einen göttlichen Wesenskern, ob er sich dessen bewusst ist, oder nicht. Die Sehnsucht, diesen Kern zu berühren, bringt Menschen heute wie früher in vielfältiger Weise auf die Suche.

In unserer schnelllebigen Zeit beobachten wir eine Tendenz, Therapien und Seminarerfahrungen zu konsumieren. Wie in anderen Lebensbereichen auch besteht die Vorstellung, in der Therapie oder auf spirituellen Veranstaltungen bei geringem zeitlichen Einsatz und ohne große Anstrengung möglichst billig viel Bewusstheit zu erreichen. Wo entsprechende Nachfrage ist, finden sich in unserem System auch Anbieter. Doch dieses konsumorientierte Modell fördert den Einzelnen nicht, ganz im Gegenteil, es be- oder verhindert ein authentisches, spirituelles Wachstum.

In der Anspruchs - und Verwöhngesellschaft ist es nicht chic, hohen Aufwand zu betreiben, schon gar nicht für etwas so ›unwichtiges‹ wie ein ganzheitliches Sein. Verbraucher sind es gewöhnt, in Konsumillusionen eingesponnen zu werden und so neigen viele dazu, sich in eine abgehobene Spiritualität hineinzudenken und zu meinen, sie hätten schon alles erreicht und wären mit ihren Themen durch. Mit diesem Buch wollen wir auch den Unterschied zwischen einer abgehobenen und einer gewurzelten Spiritualität deutlich machen.

Je bewusster ein Mensch seinen Lebensweg geht, desto tiefer findet er zu seinem göttlichen Ursprung zurück. Das spiegelt sich besonders deutlich in der Symbolik des Labyrinths. Jedes Labyrinth hat einen Mittelpunkt, zu dem ein einziger Weg führt. Dennoch wird der Wanderer erst einmal weg vom Zentrum geleitet, um sich dann jedoch auf einem weiteren Bogen wieder der Mitte anzunähern.

In der mystischen Betrachtungsweise des Labyrinths hat alles einen tieferen Sinn. Der Mittelpunkt steht für den Wesenskern des Menschen. Der Weg zum Mittelpunkt ist mit den psychischen, seelischen und geistigen Entwicklungen des Menschen gleichzusetzen. Ähnlich wie in einem Labyrinth sind die Lebenswege von Menschen oft verschlungen. Manchmal verharren sie weit weg von ihrem Zentrum, um dann in einer weiteren Entwicklungsphase die Chance zu nutzen, sich wieder ihrer Mitte zu nähern. Dadurch wird deutlich, dass sich Bewusstseinserweiterung in Phasen vollzieht.

Wenn Menschen Bewusstsein mit Verstand verwechseln beziehungsweise gleichsetzen, können sie lineares Denken nicht von ganzheitlichem Sein unterscheiden. Unser gesellschaftliches Denken geht normalerweise davon aus, dass die menschliche Entwicklung linear verläuft. Das scheint logisch zu sein, weil die körperliche Entwicklung des Menschen von der Babyphase bis zum Greisenalter im Äußeren deutlich sichtbar zunächst aufbauend und dann abbauend verläuft. Das innere Wachstum des Bewusstseins jedoch ist äußerlich nicht erkennbar. Deshalb verleugnen es viele.

Die geistige Entwicklung unterliegt anderen Wachstumsgesetzen als die psychische. Bei einer schweren Geburt beispielsweise oder einer traumatisierten Kindheit wird die Psyche belastet und das betroffene Kind entwickelt als Überlebensstrategie Schutzmechanismen. Der normale Verlauf der psychischen Entwicklung kann durch dramatische Erlebnisse unterbrochen werden, wobei sich Gefühle ins Unterbewusstsein des Kindes quasi eingraben. Dadurch entstehen körperliche und seelische Blockaden, die sich in entsprechenden psychischen Fehlentwicklungen ausdrücken.

Ein Kind, das in der Familie zum Beispiel körperliche Gewalt oder Misshandlungen erfährt, ist von den Erwachsenen Tätern abhängig. Deshalb muss es irgendeine Strategie entwickeln, um in seiner Familie trotzdem zu überleben. In einer Gewaltsituation entstehen Gefühle von Angst und Wut als natürliche Abwehr, jedoch werden sie zu diesem Zeitpunkt unterdrückt. Durch diese äußeren und inneren Vorgänge können verschiedene Verhaltensformen entstehen. Das eine Kind wird zum Beispiel angepasst und brav und verzichtet darauf, sich zur Wehr zu setzen, ein anderes übernimmt die übermäßige Aggression der Erwachsenen und wird später seinerseits zum Täter. Wieder ein anderes Kind kann mit Krankheit und Rückzug reagieren.

Hätten diese Kinder die Chance gehabt, ihre altersgemäßen Aggressionen natürlich zu entfalten, dann hätten sie sich ihrer Lebenssituationen adäquat selbstständig zur Wehr setzen könnten. Wenn die Entwicklung eines Kindes nicht natürlich verläuft, bleibt es nicht nur in seinem kindlichen Fehlverhalten stecken und trägt es in sein erwachsenes Leben hinein, sondern es erschafft sich unbewusst auch noch immer wieder Situationen, die das in der Kindheit erlebte Szenario wiederholen.

Wenn sich die Wiederholungen häufen, verzweifeln viele Menschen, weil sie sich von ihrem schweren Schicksal bestraft fühlen. Kaum jemanden ist sich dessen bewusst, dass die Wiederholung solcher Situationen geschieht, um eine Gelegenheit zu schaffen, aus der kindlichen Fehlentwicklung entstandene Muster aufzudecken. Das heißt, diese Wiederholungssituationen dienen an sich der Heilung alter Wunden.

Nehmen wir zur Verdeutlichung das Thema Gewalt. Ein Erwachsener, der als Kind Gewalt erlebt hat, wird in seinem Leben entweder immer wieder in gewalttätige Situationen geraten, entweder als Opfer von Gewalt oder indem er selbst Gewalt gegen andere ausübt. Bei einem anderen, der auch Gewalt erfahren hat, muss das Gewaltverhalten nicht direkt zum Vorschein kommen. Er kann Gewalt sogar völlig ablehnen. Sie wird sich dann jedoch indirekt in anderen Formen zeigen, in Selbstzerstörung vielleicht oder durch Krankheit. Gewalt kann auch sehr subtil zum Ausdruck kommen, zum Beispiel in Gestik und Mimik, oder sie zeigt sich mehr oder weniger in der Wortwahl oder im Tonfall.

Manche Menschen nehmen solche versteckte Gewalt wahr und sie lassen sich durch sie nicht in eine Auseinandersetzung hineinziehen. Doch die meisten reagieren unbewusst und instinktiv ebenfalls aggressiv. Mancher steigt sofort in einen Machtkampf ein, andere flüchten lieber oder verweigern sich durch Schweigen. Wieder andere passen sich vordergrün-

dig an, um den anderen zu einem späteren Zeitpunkt oder hinter seinem Rücken zu sabotieren.

Dieses Beispiel zeigt nur eines der Fehlverhalten unter vielen unbewussten Mechanismen in den menschlichen Verhaltensweisen, denen wir tagtäglich begegnen. Die Folgen von all unseren unterdrückten Gefühlen und traumatischen Erlebnissen steuern unser Verhalten als Erwachsener im Beruf, in Beziehungen, mit unseren Partnern, Eltern, Kindern und den Umgang mit uns selbst. Über das Fehlverhalten hinaus wird auch das Denken negativ beeinflusst. Ein Mensch mit Gewalterfahrung, in welcher Form auch immer, hat das Vertrauen in seine Mitmenschen verloren und denkt deshalb eher misstrauisch, erwartet von anderen nichts Gutes, ist kritisch und verurteilt andere schnell.

Wenn wir diese psychischen Vorgänge beschreiben, geht es uns nicht darum, menschliches Fehlverhalten von Tätern oder Opfern moralisch zu verurteilen, wir möchten vielmehr Bewusstseinserweiterung und Erkenntnis ermöglichen. Wenn Menschen darauf verzichten, sich dieser Vorgänge bewusst zu sein, fehlt ihnen die Möglichkeit, aus schmerzhaften Wiederholungsmustern auszusteigen. Trotz äußerlich großer Lebensanstrengung bleiben sie innerlich in einer psychischen Starre stecken. Übertragen wir eine solche Situation auf die Symbolik des Labyrinths, dann ist diese Station des Lebenswegs am weitesten vom Mittelpunkt entfernt.

Auch wir beide waren, wie viele andere Menschen, durch schwere Kindheitserfahrungen sehr belastet. Diese alten Belastungen kehrten in unserem erwachsenen Leben als schmerzhafte Wiederholung ähnlicher Situationen wieder. Dennoch haben wir uns dem Schicksal nicht ergeben, sondern suchten uns gute Therapeuten und hilfreiche Methoden, um durch neue Erfahrungen und Bewusstseinserweiterungen unsere alten Wunden zu heilen und unsere Lebenssituationen stetig zu verbessern. Unser Lebensgeheimnis gab sich auf diesem Weg nur schrittweise preis. Auf unserem Lebensweg haben wir einen liebevollen Umgang mit unseren Wunden erlernt. Die Lebenssituation wurde stabiler und die Wellen des Alltages vermögen uns nicht mehr so zu verunsichern.

param.

Es ist noch nicht getan und geschehen,
es aber in Gang und in Schwung.
Es ist nicht das Ende,
es ist aber der Weg.

Martin Luther

0

Der Ausgangspunkt

Die unbewussten Wanderer

Der Ausgangspunkt im Lebenslabyrinth konfrontiert die Wanderer mit ihren Schutzmechanismen und dem Unbewussten.

Wanderer, die nur wenige Erinnerungen an ihre Kindheit und keinen Zugang zu all ihren Gefühlen haben, schreiten zu diesem Zeitpunkt auf ihrem Lebensweg unbewusst voran. Sie richten ihre Aufmerksamkeit mehr auf die äußeren Dinge in ihrem Leben und befinden sich deshalb zu dieser Zeit noch weit von ihrem wahren Selbst entfernt.

Die Vorstellung, von einem unbewussten Inneren gesteuert zu werden, ist diesen Wanderern völlig fremd. Erkenntnisse, die auf das Unbewusste im Menschen hinweisen, werden von ihnen zu diesem Zeitpunkt entweder noch nicht verstanden, weil sie intellektuell argumentieren, oder sogar abgelehnt. Nur was ihnen entweder nachvollziehbar ist oder wissenschaftlich bewiesen werden kann, hat für sie einen Wert. Und sie sind wahre Meister darin, schmerzhafte Erfahrungen zu verdrängen.

Leitgedanken, die sie gerne auch anderen gegenüber vertreten, lauten beispielsweise:

- »Du musst doch nur dein Leben in den Griff kriegen, dann läuft alles schon.«
- »Es bringt nichts, in den alten Geschichten zu kramen, leb lieber jetzt.«

Mit solchen Gedanken und Leitsätzen bauen sie sich auf und können sich als Gewinner fühlen. Sie kompensieren ihre Sehnsucht nach Liebe und Wärme mit Suchtmitteln wie Alkohol, Zigaretten, stundenlangem Fernsehen, Chatten im Internet oder übermäßigem Arbeitseifer, um nur einige zu nennen. Es mag sich unverständlich anhören, aber es gibt viele Menschen, die ihre Angstgefühle so weit unterdrücken, dass sie Extremsportarten betreiben können, ohne eine angemessene Angst zu spüren.

Angst bringt ganz unterschiedliche Verhaltensweisen hervor. Angst kann beispielsweise völlig übergangen werden, wenn wir uns zu vertrauensvoll auf unbekannte Partner einlassen oder bei Geschäften die Risiken zu wenig berücksichtigen. Wird das Gefühl der Angst immer stärker verdrängt, fehlt in der Folge das Gespür dafür, wie man sich umsichtig und angemessen auf Neues oder Ungewohntes einlässt. Mit Neuem konfrontiert, wird oft Aggression eingesetzt, um eigene Interessen durchzusetzen. Diese Aggression ist Ausdruck der unterdrückten, unbewussten Angst.

Angst ist auch der Grund, wenn Sex mit Liebe verwechselt wird, was zu einem geradezu paradoxen Verhalten führen kann. Es gibt Frauen und Männer, die sich zwar nach Liebe und Zärtlichkeit sehnen, aber diese zarten Gefühle verleugnen und statt dessen ein verführerisches oder draufgängerisches Verhalten leben. Forschungen haben gezeigt, dass die sexuelle Energie parallel zur Angst anwächst und dabei eine Anziehung an Personen oder Dinge erzeugt, die uns verletzen können. Statt ein behutsames Kennenlernen zu erlauben, werden schnelle sexuelle Begegnungen bevorzugt. Die Trauer um vergangene Beziehungen wird unterdrückt und verleugnet. Menschen, die ihre Angst unterdrücken, wollen um keinen Preis Schwäche erleben und schon gar nicht zulassen.

Wieder andere sind fest davon überzeugt, sie würden ihre Gefühle tatsächlich schon wahrnehmen, und sprechen doch ganz intellektuell darüber. Den Unterschied zwischen Denken und wahrhaftigem Fühlen nehmen sie noch gar nicht wahr. Besonders weiche Gefühle wie wahrhaftige Liebe, Hingabe, Trauer, Angst und Sehnsucht werden immer wieder eher rational wahrgenommen. Das wirkliche Fühlen vermeiden sie auf diese Weise. In Gesprächen fallen dann Sätze wie: »Bei uns ist in alles Ordnung«; »Wir gehen immer nur liebevoll miteinander um«; oder »Das habe ich längst überwunden.«

Mit solchen Sätzen wird den Mitmenschen etwas vorgemacht. Eine Scheinharmonie wird erzeugt. Gleichzeitig wird so vermeiden, mit sich selbst tiefer und ehrlicher in Beziehung zu treten. Unbewusste Menschen benutzen eine Vielzahl von Kompensationsmitteln. Der Rückzug aus dem Leben ist eines davon. Dabei werden direkte Kontakte vermieden und die Mitmenschen gleichzeitig aus der ›sicheren Ecke‹ beobachtet, kritisiert und kontrolliert. Dieses Verhalten soll garantieren, dass nichts an sie herankommt, was sie in Kontakt mit ihren Gefühlen bringen könnte. Denn ihre Gefühle fürchten sie »wie der Teufel das Weihwasser«. Häufig benutzen sie auch ihre Kindheitsgeschichte, um sich vor sich selbst zu rechtfertigen, und verharren darüber in Selbstmitleid und wiederholtem Versagen. Sie verwechseln wahrhaftige Gefühle mit Gefühlsduselei, und für alles haben sie stets gute Begründungen parat. Um Rechtfertigungen und Ausreden sind sie selten verlegen. Ihr Verhalten zeigt eher eine deutliche Neigung zur Depression. Sie sehnen sich nach einer heilen Welt, in der sie nicht mehr verletzt werden. Das treibt sie auf die Suche nach bedingungsloser Liebe, um einen geschützten Rückzugsort ohne Schmerz, Kampf und Verletzung zu finden. Gerne begeben sie sich deshalb auch in die esoterische Szene, weil sie glauben, dort diesen geschützten Raum zu finden.

Alle beschriebenen Eigenschaften und Verhaltensweisen dienen als Schutzmechanismen, um die schmerzhafte Kindheitsgeschichte zu verdrängen. Diese Schutzmechanismen können bei Frauen wie Männern auftreten. Die Eigenschaften müssen sich nicht so eindeutig wie beschrieben zeigen. Sie können sich vielfältig mischen und ganz verschieden ausdrücken. Ganz gleich, welche der Eigenschaften mehr im Vordergrund oder eher im Hintergrund stehen, alle unbewussten Wanderer haben etwas gemeinsam, sie haben keinen Zugang zu ihrem authentischen Sein und zu ihren natürlichen, persönlichen Bedürfnissen. Deshalb lassen sie sich von Äußerlichkeiten steuern. Die einen leben ein an die gesellschaftlichen Normen und Konventionen angepasstes Verhalten, andere leben die innere oder äußere Rebellion dagegen.

Die Anpassung kann sich in einem Leben zeigen, das durch den Zeitgeist bestimmt ist. Dann drückt sich die Pseudopersönlichkeit in Kleidung, Redeweise und Gewohnheiten aus.

Das Leben kann sehr von dem Gesellschaftskreis bestimmt werden, dem man sich zugehörig fühlt. Was ist dort gerade angesagt? Welche Lokale müssen besucht werden? Wo kauft man ein? Welche Automarke kommt in Frage? Welche Urlaubsziele sind in? Wen muss man kennen?

Andere dagegen befinden sich im Rückzug vor Menschen, die ihnen etwas antun könnten. Sie leben lieber in Illusionen und messen das Leben an ihren eigenen Idealen und Vorstellungen. Meist sind sie sehr belesen. Beziehungen leben sie im Kopf und identifizieren sich mit Heldenfiguren aus Philosophie, Religion, Romanen, Filmen oder der Politik.

Wieder andere fliehen in die Esoterik und gewinnen die Zugehörigkeit zu dieser Szene über Bücher, Vorträge oder Seminare. Dort geht es um Harmonie und die Suche nach bedingungsloser Liebe. Die persönliche Ausstrahlung, die Kleidung und die Sprache werden dieser Szene entsprechend angepasst.

Obwohl alle drei Gruppen von außen gesteuert werden und keine Gruppe näher an ihrem Wesenskern ist als die andere, lieben sie es zu versuchen, sich gegenseitig zu ihrem Pseudolebensstil zu überreden.

Gerade weil viele dieser unbewussten Wanderer in der äußeren Welt entweder sehr viel Erfolg im Beruf haben oder das andere Extrem des Versagens leben, kommt es vor, dass sie ihr Leben lang am

Ausgangspunkt verweilen und keinen Schritt auf ihr wahres Selbst zu tun. Eine Begegnung ist für sie dann ein guter Kontakt, wenn sich die Pseudopersönlichkeiten gegenseitig bestätigen und nichts ins Wanken gerät. Die unbewussten Wanderer möchten nicht, dass ihre Verhaltensweisen durchschaut werden. Deshalb wehren sie gut gemeinte Gespräche schnell ab, lachen, spotten oder zeigen Unverständnis. Wie sehr mit anderen gekämpft wird, zeigt das Ausmaß der eigenen Verwundung. Solche Machtkämpfe sollen nur von der Angst ablenken, die unbewusst mit Selbsterkenntnis verbunden wird.

Oft können sich die Parteien einfach nicht verstehen, wie sehr sie sich auch bemühen oder wie große Überzeugungskraft sie einsetzen. Wir müssen hier anerkennen, dass sich diese beide Gruppen an verschiedenen psychischen Entwicklungsstationen in ihrem Leben befinden. Die psychische Entwicklung und der Wunsch nach Veränderung ist ein Vorgang, der von innen nach außen erfolgen muss. Deshalb scheitern an dieser Stelle viele Retter mit ihrem missionarischen Verhalten, weil sie die Tür ihrer Freunde oder Familienangehörigen von außen öffnen wollen.

Die Lebensenergie der unbewussten Wanderer

Wanderer, die ihr Leben mit viel Verdrängtem leben, ganz gleich, ob sie unbedarft sind, psychologische Theorien ablehnen oder sich intellektuell andauernd damit befassen, haben einen energiearmen Körper. Die Erkenntnis, dass ein Mensch mit viel psychischer Verdrängung in einem energielosen Körper lebt, haben wir Wilhelm Reich zu verdanken, einem Nachfolger von Sigmund Freud, der mit seinem Ansatz zum Begründer der Körpertherapie wurde.

Wie schaut ein energieloser Körper aus, der am weitesten von seinem wahren Selbst entfernt ist? Die Energielosigkeit des Körpers kann sich auf ganz verschiedene Weise zeigen, entweder in starrer Verpanzerung, die sich wie ein Stein anfühlt, oder in Kraftlosigkeit, die wie Watte ist. Beide Typen haben trotz unterschiedlichem Konstitution gemeinsam, dass sich ihre natürliche Lebensenergie tief ins Innere zurückgezogen hat. Die Atmung ist flach oder fließt nicht natürlich durch den Körper. Das muss so sein, weil sie eine tiefe, regelmäßige, ausbalancierte Atmung mit ihren Gefühlen und alten Kindheitswunden in Kontakt bringen würde.

Die körperliche Schutzhülle soll die inneren Verletzungen zurückhalten. Sie kann sich unterschiedlich ausformen:

- Die Lebensenergie hat sich ganz tief bis in die Knochen zurückgezogen.
- Die Lebensenergie hat sich in die Muskeln vergraben und die Muskelhaut ist angespannt.
- Die Lebensenergie hat sich in ein schwaches Bindegewebe zurückgezogen.
- Eine straffe, raue, dichte Haut sperrt die Lebensenergie ein.

Es gibt zwei verschiedene Konstitutionstypen mit energiearmem Körper. Beide bedienen sich unterschiedlicher Abwehrtechniken. Der eine Typ hat feinere Gliedmassen, ist häufig schwach, müde und ruhebedürftig. Weil er mit Muskelkraft oder Stimme nicht gut abwehren kann, agiert er intellektuell, mit Vielwisserei oder Redegewandtheit oder zieht sich sozial sehr zurück. Der andere Typus hat einen stabileren Knochenbau, seine Bewegungen können steif aussehen, er ist leicht erregbar und kann sich schwer entspannen. Zur Abwehr setzt er Stimme oder seine Aggression ein.

Weil alle unbewussten Wanderer gezwungen sind, ihre Gefühle zu verbergen, müssen sie zu den benannten Körperblockaden auch noch über ihren natürlichen Gesichtsausdruck verschiedene Masken legen. So ist es möglich, dass sich hinter einem sehr schönen, freundlichen und angepassten Gesicht ein wütender Ausdruck verbirgt. Noch tiefer darunter verstecken sich Angst oder Trauer. Bereits ein ehrliches Anerkennen seiner eigenen momentanen Verhaltensweisen und das Wahrnehmen seiner jetzigen, blokkierten Körperlichkeit bringt eine gewisse Bewegung in die Lebensenergie.

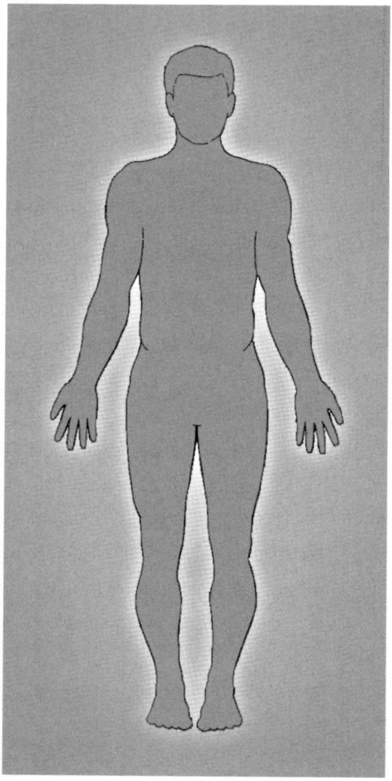

Der energiearme Körper

Die unbewussten Wanderer, sind am weitesten von ihrem wahren Selbst entfernt.

Hinweis

Betrachten Sie die Eigenschaften und Verhaltensweisen der unbewussten Wanderer, die wir Ihnen in diesem Kapitel beschrieben haben.

- Welche Verhaltensweisen und Eigenschaften können Sie einer bestimmten Lebensphase Ihrer eigenen Biografie zuordnen?
- Welches Bewusstsein hatten Sie zu dieser Zeit für Ihre Lebensenergie in Ihrem Körper?

Bedenke ein Stück des Weges
liegt hinter dir, ein anderes Stück
hast du noch vor dir.
Wenn du verweilst, dann nur,
um dich zu stärken,
nicht aber um aufzugeben

Aurelius Augustinus

param

1

Erste Station

Die krisengeschüttelten Wanderer

Die erste Station im Lebenslabyrinth bringt die Konfrontation mit der Krise.

Ob schuldig oder unschuldig führt jeder Lebensweg von Zeit zu Zeit durch ein unbekanntes Land mit tiefen Tälern, in denen man sich hilflos, verloren und verzweifelt fühlt. Jede Lebensgeschichte enthält zunächst Lebenskonzepte, die durch Erziehung erworben wurden und sich unbewusst im Leben auswirken. Auch Lebensübergänge, Umbrüche, wie der Verlust eines Arbeitsplatzes, oder eine Scheidung können Krisen hervorrufen. Manche Etappen oder Hin- und Her-Bewegungen im Lebenslabyrinth erscheinen unvermeidlich. Denn erst durch diese schmerzhaften Erfahrungen werden persönliche Wiederholungsmuster erkennbar.

Manche Krise kommt überraschend und rüttelt tiefe Erschütterungen wach. Das fühlt sich intensiv und unangenehm an, ähnlich wie auf einem Schiff, das sich auf stürmischer See befindet. Dennoch kann diese momentane Krise ein rettender Anker und ein Wendepunkt für einen neuen Kurs im Leben sein.

Leider können nicht alle Menschen ihre Krise als Chance erkennen. Stattdessen lenken sie sich von ihren Schwierigkeiten ab und bagatellisieren ihre Situation. Eine Zeitlang gelingt es ihnen sogar, sich von den notwendigen Veränderungen abzuschotten und der Zeitgeist hilft ihnen dabei, mit oberflächlichen Attraktionen ihre Krise zu verleugnen und sich mit vielerlei Äußerlichkeiten zu betäuben.

Wenn sich die Krisen jedoch häufen und die Verdrängung nicht mehr funktioniert, dann spürt der krisengeschüttelte Wanderer früher oder später, dass es nicht mehr reicht, nur die Symptome zu kurieren oder ›kosmetische‹ Veränderungen vorzunehmen. Nach langen Kämpfen entschließt sich mancher, wenn auch ungern, zur Trennung von bisherigen Lebensumständen. Jetzt beginnt die Wanderung durch das Tal der Trauer, des Selbstzweifels und der Wut über die Lebenssituation oder die zerbrochene (Pseudo-) Persönlichkeit.

In dieser Phase sind Stimmungsschwankungen an der Tagesordnung. In einem Augenblick entsteht Hoffnung auf Wandel, im nächsten Moment tut sich ein Abgrund der Hoffnungslosigkeit auf. In solchen Situationen ist die Krise schmerzhaft und wird als großes Unglück erfahren, statt sie als einen Weg zum eigenen Wesenskern zu erkennen. Obwohl in dieser Lebenssituation viele verzweifeln und einen Zustand erleben, der ihnen wie eine dunkle Nacht der Seele vorkommt, ist ihre Not auch eine große Möglichkeit, ihr Leben zu vertiefen. Für einige Wanderer ist das die erste Station auf dem Weg nach innen, der Einstieg.

Wenn Wanderer zu lange den inneren Ruf ignoriert haben und in der Scham, der Angst und der Schande über die momentane Situation gefangen sind, versuchen sie meist ihre äußere Welt wieder in Ordnung zu bringen und durch diese manchmal verzweifelten Versuche kann sich ihre innere Suche weiter verzögern.

Während einer Krise sind die Zusammenhänge für die Wanderer häufig unverständlich und bedrückend. Manches Warum wird erst sehr viel später beantwortet werden. Dem krisengeschüttelten Wanderer kann an dieser Stelle im Lebenslabyrinth jedoch unmissverständlich deutlich werden, wie wenig er die Umstände seines Lebens im Griff haben kann.

Deutlich wird es, wenn wir Teile folgende Lebensgeschichte betrachten: Eine Frau hat bei der Eheschließung ihren Beruf aufgegeben. Sie ist ihrem

Wunsch gefolgt, eine Familie zu gründen, und hat mit ihrem Mann nacheinander drei Kinder bekommen. Sie ist ganz in ihrer Mutterrolle aufgegangen und der Mann hat allein für den Unterhalt seiner Familie gesorgt. Mit den Jahren können sie ein Haus bauen. Damit er Karriere machen kann, hält sie alle Schwierigkeiten, gleich welcher Art, von ihm fern. Sie übernimmt die Repräsentation bei Geschäftsessen und unterstützt ihren Mann, wo sie kann. Sie erkennt zu diesem Zeitpunkt noch nicht, dass sie ihrem Mann genau so bedingungslos dient wie früher als Tochter ihrem Vater.

Die Zeit vergeht und plötzlich entdeckt sie, dass ihr Mann sie immer wieder mit jüngeren Kolleginnen betrügt. Sie ist sehr verletzt und verzweifelt, weil sie sich keiner Schuld bewusst ist. Sie überlegt kurzfristig, ob sie ihren Mann verlassen soll, aber ihre finanzielle und emotionale Abhängigkeit ermöglicht ihr zu diesem Zeitpunkt nicht den Ausstieg aus der Beziehung. Deshalb bagatellisiert sie die Geschehnisse und lenkt durch eine rasche Versöhnung ab.

Eine Urlaubsreise soll den Ehefrieden wiederherstellen. Ihr Mann verspricht, dass solche Entgleisungen nicht wieder vorkommen werden. Ihre unbewusste Angst vor einer Veränderung hilft ihr dabei, in der Ehe mit ihrem Mann zu bleiben. Eigentlich würde anstehen, dass sie in dieser Lebensphase, in der die Kinder langsam erwachsen werden, mehr berufliche

Selbstständigkeit entwickelt, aber ihre Angst vor Neuanfängen behindert sie.

Zwei Jahre später entdeckt sie durch Zufall einen erneuten Seitensprung ihres Mannes. Dieses Mal ist ihr Schmerz unendlich und sie gerät in eine schwere Lebenskrise. Der Schmerz bringt sie unter großen Druck, so dass sie sich entscheidet, ihren Mann zu verlassen. Um die Krise zu durchwandern holt sie sich zum ersten Mal in ihrem Leben therapeutische Hilfe. Der Einstieg in ihre bewusste Innenschau beginnt. Viel später erkennt sie, welche große Chance ihr die Krise für ihre eigene Entwicklung gebracht hat. Jede Zeit der Veränderung ist notgedrungen anstrengend, denn sie ist mit einem inneren Konflikt verbunden – zwischen einer mächtigen Kraft, die darauf hinwirkt, die Dinge so zu belassen, wie sie waren, und einer anderen ebenso mächtigen Kraft, die uns auffordert, vorwärts zu gehen und neue Lebensbedingungen zu akzeptieren.

Die Lebensenergie der krisengeschüttelten Wanderer

Durch die Angstgefühle in Krisensituationen wacht die Lebensenergie auf und der Schutzpanzer des Körpers bekommt Risse. Die Blockaden in der Brustregion weichen durch die seelischen Schmerzen auf.

Am Anfang verunsichert das die Wanderer sehr und ihre Traurigkeit lässt sie oft verzweifeln. Durch die schwere Krise ist aber eine Verdrängung ihrer alten Schmerzen nicht mehr möglich. Die lange eingesperrte Lebensenergie will unbedingt wieder in Bewegung kommen. Ähnlich wie bei einem Staudamm, der Risse bekommt, fließen Gefühle wie Wasser durch kleine Ritzen.

Hilfreich ist, wenn die Wanderer einen Reiseführer an ihrer Seite haben, der diese körperlichen Vorgänge versteht und sie dabei begleitet, diese zu durchleben. Statt zu versuchen, die Gefühlswogen mit Medikamenten zu beruhigen, ist es in dieser Zeit am besten, sich in eine Körpertherapie begeben.

Professionelle Begleiter werden dem Wanderer an dieser Stelle erlauben, seinen Gefühlen Ausdruck zu geben, und sich über bekannte Sprüche wie: »Wut zeigt man nicht« oder: »Die Angst bringt mich um« hinwegzusetzen. Der Wanderer kann Hilfsmittel kennen lernen wie Atmentechniken, positivere Gedanken zu seinen Gefühlen wählen und mit liebevoller Begleitung in einem geschützten Rahmen körperliche und psychische Veränderungen erfahren.

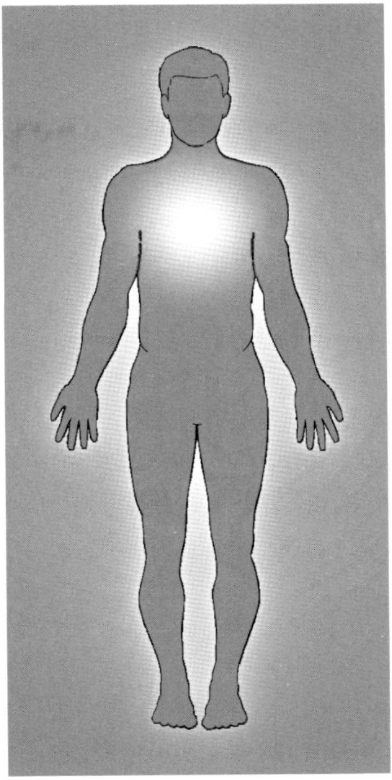

Der Schutzpanzer des Körpers öffnet sich

Die eingesperrte Lebensenergie kommt im Brustbereich in Bewegung. Die übrigen Körperregionen sind kaum spürbar. Die Hände und die Füße sind meist kalt.

Hinweis

- Welche Lebenskrisen und Schmerzen haben Sie bereits durchlitten?
- Was hat Sie auf den Weg nach innen geführt?

param.

Nur in der Bewegung,
so schmerzlich sie sei,
ist Leben.

Carl Jakob Burghardt

2

Zweite Station

Die Wanderer begegnen ihrer Mutter

Die zweite Station im Lebenslabyrinth bedeutet die Konfrontation mit ungelösten Konflikten aus der eigenen Mutter-Kind-Beziehung.

Häufig geraten Menschen durch die Beziehung zu ihrer Partnerin, Kollegin oder Chefin in Schwierigkeiten oder in Konflikte. Das geschieht, weil sich kaum jemand, bevor er sich bewusst damit auseinander gesetzt hat, seiner schmerzhaften Kindheitserfahrungen mit der eigenen Mutter wirklich bewusst ist. Aus diesem Grund kommt der alte und unbewusste kindliche Mutter-Kind-Konflikt in entsprechenden Situationen durch Übertragung auf andere Frauen zum Vorschein.

Die engste Beziehung in ihrem ganzen Lebens haben alle Menschen zu ihrer Mutter, weil jeder von uns durch die Mutter ins Leben gekommen und deshalb ganz leiblich mit ihr verbunden ist. Die größte körperliche, psychische und seelische Abhängigkeit erfahren wir im Kontakt zu unserer Mutter. Deshalb ergeben sich in der Kindheit auch so viele Situationen, die Defizite, Wunden und Konflikte verursachen können. Die seelischen Schmerzen aus der Beziehung zur Mutter sind nicht weniger real, als körperliche Schmerzen einer Krankheit. Oft sind sie sogar noch quälender und nicht selten sogar erschreckend, weil sie manchmal so schwer zu benennen oder gar unfassbar sind.

Eine Klientin kommt in die Therapie und beschreibt ihre inneren Unruhe, von der sie bereits ihr Leben lang geplagt wird. Sie erzählt, dass sie jedes Mal, wenn sie in berufliche Schwierigkeiten oder in Konflikte mit ihrem Mann gerät, den Drang verspürt, eine neue Wohnung zu beziehen oder sofort zu verreisen.

Anfangs hatte sie für die Umzüge immer noch gute Begründungen. Die erste Wohnung wurde zu klein, weil das zweite Kind kam. Die nächste Wohnung war zu groß, weil sie dort Depressionen bekam. Die dritte Wohnung war zu laut, jetzt musste es für die Kinder ein Haus auf dem Lande sein. Diese Haus war im Winter leider zu kalt, also musste ein Neubau auf dem Lande bezogen werden.

Anfangs hat ihr Mann diese Begründungen geglaubt und ihren Wünschen nachgegeben. Im letzten Haus jedoch fühlten er und die Kinder sich glücklich und zufrieden, während für sie das Haus schon wieder zu weit von der Stadt entfernt lag. Die Kinder und ihr Mann sträubten sich gegen einen weiteren Umzug. Nach dem nächsten Ehekrach entschloss sie sich, allein auf eine Reise zu gehen.

In der Therapiesitzung zeigt sich ihre Verzweifelung, weil sie nirgends die innere Ruhe findet, die sie sich so sehr wünscht. Beim Erzählen wird ihr das ganze Elend ihrer Selbstverletzungen bewusst. Sie ahnt, dass sie immer wieder vor ihren inneren Schmerzen wegläuft, die das familiäre Zusammenleben hervorruft. Es ist ihr zu diesem Zeitpunkt noch gar nicht bewusst, dass die Überreaktionen, die sie nach jedem Ehekrach in diese Flucht treiben, etwas mit ihrer Kindheit zu tun haben.

Leider versuchen viele Menschen, ihre Schmerzen zu ignorieren, häufig auch um so einen hohen Preis.

In der therapeutischen Aufarbeitung wird deutlich, dass ihre Mutter während der Schwangerschaft mit ihr in einem fremden Land von Ort zu Ort gezogen ist und sich unter schwierigen Umständen an den einzelnen Orten Geld für die Weiterreise nach Hause zu ihren Eltern verdient hat. Sie war dauernd von der Angst besetzt, dass ihre Eltern sie nicht mehr aufneh-

men, wenn sie als Schwangere zurückkehrt. Sie hatte die Hoffnung, ein Ausweg aus ihrer Situation würde sich ergeben, wenn sie durch die großen körperlichen Anstrengungen das Kind verlieren würde.

Die Klientin fühlt in körpertherapeutischen Sitzungen die große Angst im Mutterbauch, und ein naher Kontakt zu ihrer Therapeutin bringt sie in scheinbar lebensbedrohliche innere Zustände. Es wird deutlich, dass sie von ihrer Mutter zu wenig Bestätigung und Halt erfahren hat. In Konfliktsituationen, in denen die Distanz in einer Beziehung vergrößert wird, werden die alten Ängste aus dem frühen Kontakt mit ihrer Mutter geweckt. Um diese Ängste nicht fühlen zu müssen, entscheidet sich die Klientin immer wieder für Flucht und Ablenkung.

Die psychischen Schmerzen werden durch Aussprechen und die Empathie der Therapeutin gelindert. Mit der Zeit verändert sich das Verhalten der Klientin und sie muss nicht mehr vor jeder Konfliktsituation fliehen.

Gerade frühkindliche Störungen, die sich stark im erwachsenen Leben auswirken, erfordern während des Heilungsprozesses vom Klienten wie vom Therapeuten Geduld, Mut und Ausdauer.

Ein anderes Beispiel zeigt, wie sich die Defizite der mütterlichen Versorgung in der späteren, erwachsenen Partnerschaft auswirken.

Ein Mann kommt in die Therapie und klagt, seine Frau wolle ihn verlassen. Er erzählt, er habe sie gewählt, weil er in ihr eine Frau gefunden hätte, die bereit sei, alles mit ihm gemeinsam zu unternehmen und die jederzeit für ihn da sei. Bisher hatte sie ihm immer eine gute Mahlzeit gekocht, wenn er von der Arbeit nach Hause kam, das gemeinsame Eigenheim wurde von ihr gepflegt und sie kümmerte sich um das tägliche Allerlei. Jetzt wolle sie plötzlich berufstätig werden, Seminare besuchen und mit Frauen allein weggehen, so klagt er.

Er beschwert sich auch darüber, dass er sich plötzlich selbst mit Essen versorgen solle. Zwar sagt sie ihm, sie denke gar nicht an eine Scheidung, sondern sie wolle nur mehr Freiraum für sich haben, aber er kann ihren Worten keinen Glauben schenken. Er beschreibt ausführlich seine unerträgliche Angst, wenn sie das Haus verlässt. Er gibt zu, dass er sie immer wieder mit Androhungen quält, ihr das Haushaltsgeld zu kürzen und Vorhaltungen macht: »Ich glaube dir kein Wort, du hast einen Geliebten.«

In den Therapiesitzungen wird immer klarer, wie sehr der Mann auf den Wunsch seiner Frau nach mehr Autonomie in der Ehe emotional überreagiert. Gemeinsam werden die Wurzeln dafür in seiner Mutter-Kind-Geschichte gefunden. Seine Mutter ist sehr früh verstorben und seine kleinkindlichen Bedürfnisse nach Nähe, Halt, Berührung und Nahrung sind in seiner Kindheit viel zu kurz gekommen.

Zunächst weigert sich der Klient jedoch eine Verbindung zwischen der momentanen Situation in seiner Partnerschaft und seinen eigenen, kindlichen Defiziten zu sehen. Er schenkt den Botschaften nicht genug Beachtung, sondern wünscht sich stattdessen, dass seine Frau sich ändert und sich wieder wie früher verhält. Deshalb versucht er weiterhin, Druck auf sie auszuüben.

Wie dieser Klient leugnen viele Menschen, dass ihre Lebenssituation in Beziehung zu ihrer noch unbewussten, unaufgearbeiteten Kindheitsgeschichte steht. Sie sind es gewohnt und damit vertraut, ihre alten, kindlichen, seelischen Schmerzen auszuschalten.

Stellen Sie sich einem Moment lang vor, Sie hätten zwar ein Magengeschwür, verdrängen aber die Schmerzen und nehmen die Situation nicht ernst. Ungeachtet, wie Sie meinen, sich jetzt zu fühlen, wird sich das Geschwür weiter in Ihrem Magen ausbreiten. Wenn Sie durch den Schmerz nicht erkennen, dass etwas mit Ihnen nicht in Ordnung ist, und Sie nicht zum Arzt gehen, kann es dazu kommen, dass Sie an einem Magendurchbruch sterben.

Leugnen wir die Realität, dass die unaufgearbeitete Mutter- Kind-Geschichte direkte Auswirkungen auf das erwachsene Leben hat, und verdrängen weiterhin unsere psychischen und seelischen Schmerzen, kann es passieren, dass wir körperliche Leiden entwickeln und die Lebenskrise damit eine noch stärkere Dynamik annimmt. Nirgends ist ein solcher Widerstand so tiefgreifend wie da, wo es um die tiefe emotionale Aufarbeitung der alten, eingefrorenen Mutter-Kind-Verletzungen geht.

Die innere Haltung, Probleme zu verdrängen und am Widerstand festzuhalten, wird durch die Oberflächlichkeit des Zeitgeistes verstärkt. In der Fernsehwerbung zum Beispiel wird uns unaufhörlich und auf vielfältige Weise ein leichtes Leben und schneller Erfolg versprochen, vom minutenschnellen Zubereiten eines erstklassigen Feinschmeckermenüs bis zur problemlosen Traumreise in den Süden. Wer will da schon therapeutische Anstrengungen hinnehmen, um die belastenden Anteile aus seiner Mutter-Kind-Beziehung aufzulösen? Mit Sätzen wie: »Ich komme aus einer normalen Familie«; »Meine Mutter war eine ganz normale Frau«; »Schwierigkeiten hat doch jeder im Leben«; »Das hat doch nichts mit meiner Mutter zu tun«; wird die Herausforderung beiseite geschoben.

In mancher Hinsicht sind unsere Klienten deshalb gesünder als Millionen Menschen, die bisher weder die Einsicht noch die Motivation hatten, in Therapie zu gehen. Menschen in Therapieprozessen nehmen ihre Schwierigkeiten an, sind bereit, sich begleiten zu lassen, und setzen sich damit für ihre Veränderungen ein.

Die Lebensenergie der Wanderer an der zweiten Station

Durch die Konfrontation mit den Mutterkonflikten erwacht die eingefrorene Lebensenergie in der Bauchregion. Hat jemand in der Kindheit zu wenig Liebe, Zuwendung oder Förderung erfahren, musste das Kind von damals Angst, Schmerz, Wut, Scham, Schuld oder Rache unterdrücken. Der Erwachsene trägt die Gefühle und den Schmerz aus diesen Erfahrungen weiter in sich. Situationen im gegenwärtigen Alltag bringen die mit den längst vergangenen Begebenheiten verbundenen Gefühle ins Bewusstsein zurück, damit wir uns damit beschäftigen können. Der gegenwärtige Schmerz ist eine Art Anzeige, die der Wurzel des ursprünglichen Problems eine erkennbare Form gibt.

Obwohl die Wanderer inzwischen längst erwachsen sind, besteht an dieser Station noch eine psychische Gefangenschaft, die aus der alten, kindlichen Abhängigkeit zur Mutter entstanden ist. Interessanterweise macht die im Körper blockierte Lebensenergie keinen Unterschied, ob jemand noch in direkten erwachsenen Kontakt zur Mutter steht, ob die Mutter bereits verstorben ist oder ob zwischen der

Mutter und dem erwachsenden Kind viele tausend Kilometer Entfernung liegen.

Das Erwachen verdrängter Gefühle geschieht nicht ohne Panik. Die Vorstellungen, die sich der Verstand davon macht, sind meist stark übertrieben, so, als würden die Gefühle, wenn sie plötzlich freien Lauf bekämen, den Menschen überschwemmen, und dieser Zustand wäre nicht auszuhalten. Diese vom Verstand geprägten Vorstellungen entstammen dem Kindesbewusstsein, denn der kleine, zarte Körper hätte diese teilweise heftigen Gefühle ohne festen Halt nicht in vollem Ausmaß ertragen können. Der Erwachsene ist viel robuster und kann sich außerdem therapeutische Hilfe als Begleitung gestatten.

Manche Wanderer haben zu bestimmten Gefühlen einen leichteren Zugang und sind verliebt darin, diese Gefühle ständig auszuleben. Ein Erwachsener kann beispielsweise auf Konflikte schnell und fast ausschließlich mit Wutausbrüchen reagiert. Zu seiner darunter liegenden Angst hat er keinen Kontakt. Die Angst und seine weichen Gefühle werden abgewertet und abgelehnt.

Bei anderen ist es genau umgekehrt. Sie haben Zugang zu ihren weichen Gefühlen und behaupten die Wut und der Hass hätten nur Negatives zur Folge. Es gibt noch eine weitere Schwierigkeit. Die am stärksten unterdrückten Gefühle regieren den Menschen aus dem Unterbewusstsein. So kann sich eine unterdrückte Angst zum Beispiel durch ausgeprägte Flugangst oder als Angst vor Tieren zeigen. Wenn der Zugang zum Primärgefühl der Angst unterdrückt ist, dann verwandelt sie sich in eine neurotische Angst. Jetzt dient sie dem Menschen nicht mehr für ein gemäßes Gefühl für Risiko, sondern sie schränkt ihn in seinen Handlungen stark ein. Dabei sind alle Primärgefühle gleichwertig und werden für das Leben eines reifen Erwachsenen gebraucht.

- Die Liebe wird zur Selbstannahme und als Verbindung zu allen Lebewesen und dem universellen Sein gebraucht.
- Die Sehnsucht wird für die Erfüllung von Beziehungen, Visionen und Zielen gebraucht.
- Der Hass wird gebraucht, um auf der psychologischen Ebene die eigene Liebe rechtzeitig zurücknehmen zu können, wenn sie von einem anderen Menschen nicht erwidert wird. Oder sie wird gebraucht, um auf der spirituellen Ebene die Fähigkeit zu entwickeln, auch den eigenen Hass liebevoll zu umarmen.
- Die Trauer wird gebraucht, denn sie ermöglicht tiefe, seelische Berührungen.
- Die Angst wird gebraucht, denn sie schützt vor einem zu großen Risiko.

- Der Ekel unterstützte früher die Abgrenzung zu verdorbenen Lebensmitteln. Heute wird er gebraucht, weil er uns auf der psychologischen Ebene hilft, uns von ekelhaften Situationen abzugrenzen, die dem Körper, dem Geist oder der Seele nicht gut tun.
- Die Wut wird gebraucht, denn sie dient dazu, den eigenen Standpunkt kraftvoll zu vertreten, sich abzugrenzen und aktiv zu werden.
- Die Lust wird gebraucht, denn sie bringt die kreative Kraft in Schwung.
- Die Freude wird gebraucht, weil sie die Lebendigkeit stärkt und die Leichtigkeit im Leben weckt.
- Die Scham wird gebraucht, denn sie bewahrt uns vor peinlichen Situationen und ist die Stimme des Gewissens.
- Die reale Schuld, die oft mit anderen Schuldanteilen verwechselt wird, brauchen wir in Verbindung mit unserem Gewissen, denn sie hilft, es zu spüren.

Der Kontakt mit den Primärgefühlen bringt die Lebensenergie in Bewegung, deshalb lösen sich auch die Verspannungen im Bauch. Das vegetative Nervensystem sorgt für Selbstregulation und ein umfassender Entgiftungsprozess setzt ein. Dieser Prozess befreit den Körper, und die bisherigen physischen Symptome beginnen sich zu verändern.

Vorsicht: Fatal wäre es zu glauben, man könnte zum Beispiel die inzwischen alt gewordene Mutter noch direkt mit den Emotionen aus den alten Kindheitskonflikten konfrontieren. Die Aufarbeitung dieser Konflikte braucht einen gesicherten, therapeutischen Rahmen und professionelle Begleitung.

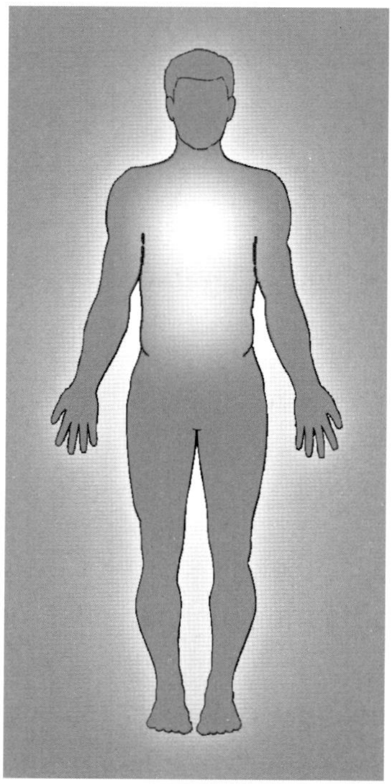

Die Lebensenergie in der Bauchregion erwacht

Die unterdrückten Gefühle werden bewusster. Das vegetative Nervensystem entgiftet.

Hinweis

Nutzen Sie an dieser Stelle die Möglichkeit, sich zu erforschen.

- Was für ein Verhältnis haben Sie, wenn Sie eine Frau sind, zu anderen Frauen?
- Gibt es Konkurrenzen und Neidgefühle in Ihrem Leben?
- Wie kommen Sie mit weiblichen Autoritäten zurecht?
- Gibt es weibliche Eigenschaften, die Sie immer wieder auf die Palme bringen?
- Welche Gefühle werten Sie ab?
- Zu welchen Gefühlen haben Sie einen leichten Zugang?
- Welche Gefühle sind so heftig, dass Sie sie nur schwer steuern können?
- Empfinden Sie als erwachsene Tochter eine Herzverbindung zu Ihrer Mutter?

Wenn Sie ein Mann sind, formulieren Sie die Fragen entsprechend.

Besinnen Sie sich auf Ihre Mutter-Kind-Geschichte soweit wie Sie sich jetzt erinnern können. Betrachten Sie Fotos aus Ihrer Kinderzeit. Falls noch möglich, lassen Sie sich von Ihrer Mutter berichten, wie Ihre Geburt verlaufen ist.

Geh, ohne zu wissen wohin.
Bring, ohne zu wissen was.
Der Pfad ist lang, der Weg nicht bekannt.

Aus einem russischen Märchen

3

Dritte Station

Die empfindsamen Wanderer

Die dritte Station im Lebenslabyrinth bedeutet die Konfrontation mit Ambivalenzen.

Die Wanderer sind auf ihrer Reise offener und verletzlicher geworden, denn sie haben schon erheblich mehr Zugang zu ihren eigenen Gefühlen gefunden. Auf dem Weg durch das Lebenslabyrinth gab es bereits harte Stationen zu überwinden. Sie erkennen nun ihre Bedürfnisse besser und nehmen sich mehr Ruhe und Zeit für sich selbst. Sie kommen ein Stück weit aus den alten Abhängigkeiten heraus, jedoch werden sie auch immer wieder von inneren Zweifeln geplagt.

Größte Schwierigkeiten entstehen in dieser Phase, wenn Lebenspartner, Familienmitglieder oder enge Freunde noch als unbewusste Wanderer auf ihrem

Lebensweg unterwegs sind. Die empfindsamen Wanderer möchten diese Menschen, die sie am meisten lieben, davon überzeugen, dass der von ihnen neu gefundene Weg jedem viel Heilung und Befreiung bringt, der ihn beschreitet. Aber die unbewussten Wanderer empfinden eher Angst, die sie nicht zugeben können, und deshalb schützen sie sich mit Desinteresse. Gleichzeitig zeigen sie wenig Verständnis für die veränderten Verhaltensweisen der empfindsamen Wanderer.

Es scheint, als stünden die unbewussten Wanderer am einen Ufer eines Flusses und die empfindsamen Wanderer am gegenüber liegenden. Für die unbewussten Wanderer existiert die andere Flussseite überhaupt nicht und deshalb können sie sie auch nicht sehen. Aber die empfindsamen Wanderer haben den Fluss bereits überschritten. Sie können zurückschauen und sehen, welche Wegstrecke sie schon durchschritten haben. Die unbewussten Wanderer schützen sich noch sehr. Sie fühlen sich deshalb sicherer und unkomplizierter, wenn sie auf die empfindsamen Wanderer schauen, die durch ihre Offenheit leichter verletzbar sind und emotional überraschend reagieren können. Sind beide Wanderer durch eine Beziehung miteinander verbunden, dann geraten sie in dieser Lebensphase leicht in Konfliktsituationen, wie folgendes Beispiel zeigt.

Ein Ehepaar wird auf ein Fest eingeladen. Der Mann befindet sich noch in seinem Schutzpanzer. Die Frau hingegen hat durch Therapie schon einiges aus ihrer Lebensgeschichte bearbeitet. Auf dem Fest amüsiert sich der Mann mit trivialen Gesprächen, er trinkt reichlich Alkohol und isst viel gegrilltes Fleisch. Er bemerkt gar nicht, dass viele Personen gleichzeitig sprechen und keiner dem anderen wirklich zuhört. Er hält Monologe über seine Arbeit und übertreibt mit deftigen Witzen.

Seine Frau fühlt sich den ganzen Abend über unwohl. Sie hat in Seminaren gelernt, Dialoge zu führen, jeden ausreden zu lassen und über ihre persönlichen Gefühle und Bedürfnisse zu sprechen. Sie hat erfahren, wie es in Gesellschaft authentischer Menschen zugeht, und weiß wie es ist, wenn Konversation rücksichtsvoll und einfühlsam geführt wird.

Nach dem Fest, beschreibt sie ihrem Mann ihre Beobachtungen und Empfindungen. Er streitet alles ab, behauptet es sei ganz anders gewesen und sagt ihr, sie könnte nicht mehr mit normalen Menschen umgehen. Seit sie diese Seminare besuche, würde sie immer komplizierter. Der Abend endet mit Enttäuschung und gegenseitigem Unverständnis. Der Frau fällt es leichter, ihren Mann zu kritisieren und ihn zu missionieren, als die ganze Konsequenz auf sich zu nehmen und weitere Feste mit seinen Freunden zu meiden.

Eine andere kritische Situation tritt im umgekehrten Fall auf, wenn die Frau versucht, ihren Mann auf ein Fest zu ihren neuen Freunden mitzunehmen, denn die Konfliktsituation ist nicht viel anders. Er kann nicht mitreden, wenn sich die Anwesenden über ihre Erfahrungen austauschen, empfindet die allgemeine Sprache als abgehoben und fühlt sich nicht zugehörig. Das vegetarische Essen, von dem sie begeistert ist, findet er langweilig. Die sanfte Musik im Hintergrund gefällt ihr besonders gut, während sie ihm auf die Nerven geht. Auf dem Heimweg bezeichnet er ihre neuen Freunde als Verrückte, mit denen er nichts zu tun haben will, und findet viele abwertende Worte.

Beide sollten an dieser Stelle anerkennen, dass sich die Distanz zwischen ihnen durch ihre Unterschiedlichkeit im Bewusstseinsstand vergrößert hat. Das ist für beide schmerzhaft. Selbstverständlich ist unser Beispiel auch umgekehrt möglich. In einem solchen Fall ist der Mann bereits in Therapie, während seine Frau weiter als unbewusste Wanderin durchs Leben geht. Bei solchen oder ähnlichen Konflikten sind empfindsame Wanderer manchmal enttäuscht. Sie hatten sich zu Beginn ihrer Therapie gewünscht, dass ihr Beziehungs- oder Familienleben durch die Bearbeitung ihrer Lebensgeschichte harmonischer wird. Jetzt müssen sie erkennen, dass ihre inneren Veränderungsprozesse Konsequenzen im

Alltagsleben nach sich ziehen. An dieser Stelle befinden sich die empfindsamen Wanderer in einer Entscheidungsphase. Sollen sie stehen bleiben oder weitergehen? Zurückkehren zum alten unbewussten Leben können und wollen sie meist nicht mehr.

Empfindsame Wanderer sind das eine nicht mehr und das andere noch nicht. Diese Spannung fühlen sie als innere Ambivalenz in sich. Ein Ausweg, der ihnen am leichtesten erscheint, ist stehen zu bleiben. Deshalb kommen die empfindsamen Wanderer auf einmal in Widerstände zu ihren Therapeuten oder Therapeutinnen, die sie auffordern, weiterzugehen und nicht stehen zu bleiben. Während sie vor kurzer Zeit noch begeistert waren, machen sie jetzt aus ihrer inneren Ambivalenz heraus Aussagen wie:

- »Ich habe doch schon so viel an mir gearbeitete, wozu brauche ich noch mehr Seminare?«
- »Ich brauche keine therapeutische Begleitung mehr, ich bin schon im Ablösungsprozess.«
- »Wie viel muss ich denn noch machen? Wie lange dauert es denn noch, bis ich endlich ein glückliches Leben bekomme?«
- »Ich bin schon mit allem durch und ich gönne mir jetzt erst mal eine Therapiepause.«
- »Die Therapie kostet mich zu viel, ich muss mich finanziell erst wieder erholen.«

- »Ich möchte jetzt wieder mehr Zeit mit meiner Familie verbringen.«

An dieser Station melden sich zwei Anteile im Menschen. Ein Teil wünscht sich innere und äußere Veränderung, der andere Teil braucht die Sicherheit des Gewohnten. Wanderer, die ihrem Bedürfnis nach Sicherheit nachgeben und an dieser Stelle im Lebenslabyrinth zu lange stehen bleiben, sind in Gefahr, Rückfälle verschiedener Art zu erleben. Möglicherweise kann sich ein körperliches Symptom wieder einstellen, das schon gebessert war, oder sie geben sich selbst erneut auf, um dadurch die Partnerschaft zu retten.

Doch selbst ein Rückfall, der Schmerzen verursacht, kann dem Weitergehen dienen. Wenn Sie solche Situationen schon kennen und deshalb erkennen können, vermeiden Sie an dieser Stelle zu starke Selbstkritik, sondern untersuchen Sie sorgfältig, woran Sie gescheitert sind. Scharfe Selbstkritik bringt Sie an dieser Stelle nicht weiter, sondern liebevolle Selbstannahme. Diese besondere Station im Lebenslabyrinth ist wie eine Prüfung. Ist es dem Menschen wirklich ernst mit seiner Suche nach sich selbst?

Wird diese Etappe jedoch nicht bewusst als Prüfung verstanden, sondern eher vermieden, dann bleiben Menschen an diesem Punkt stehen. Und sie werden das vor sich selbst und anderen mit hieb- und stichfesten Begründungen rechtfertigen. Als Rechtfertigung werden gern äußere Veränderungen herangezogen:

- Eine neue Liebe stellt sich ein und die Verliebtheit macht blind.
- Eine Schwangerschaft verhindert das Weitergehen, weil das Kind mehr Aufmerksamkeit erfordert als die eigene seelische Entwicklung.
- Eine neue Stelle in einer anderen Stadt oder im Ausland wird angeboten und hilft dabei, die innere Grenzüberschreitung zu vermeiden.
- Familienmitglieder werden krank und müssen betreut werden.
- Durch das Wechseln von einer Therapiemethode zur anderen wird die Tiefe des eigenen Prozesses vermieden.
- Die Negativübertragungen auf die Therapeutin, dem Therapeuten werden nicht mehr durchlebt, sondern Methode und Person werden stattdessen in Frage gestellt.

Diese Prüfung kann von den Wanderern nicht übersprungen werden, und es ist auch nicht möglich, sich an ihr vorbeizumogeln. Nur durch zügiges Voranschreiten im Lebenslabyrinth und mit professioneller Begleitung lässt sich diese unangenehme Strecke schneller überwinden.

Es ist kein Wunder, dass die meisten Wanderer an dieser Stelle stehen bleiben, denn das weitere Voranschreiten erfordert nun ernste Konsequenzen von ihnen. Möglicherweise kommt noch viel Neues auf die zu, die weitergehen:

- Der Beruf muss verändert werden, weil sich die innere Berufung zeigt.
- Die gewohnte Umgebung oder die Wohnsituation muss verändert werden.
- In der Partnerschaft wird viel Hartnäckigkeit erforderlich, damit eine Paartherapie begonnen werden kann.
- Partnerschaften, die nur zur Aufarbeitung der eigenen Lebensgeschichte gedient haben, aber keine Seelenverbindung sind, müssten aufgelöst werden.
- Die Trennung von Freundschaften, die sich überlebt haben, muss vollzogen werden.
- Das Suchtverhalten muss aufgegeben und die Abstinenz konsequent durchgehalten werden.
- Finanzielle oder emotionale Abhängigkeiten müssen losgelassen werden.

Übernehmen die Wanderer nicht die Verantwortung für ihr Weitergehen, weil ihnen die Konsequenzen zu unangenehm oder zu anstrengend sind, dann beschuldigen sie stattdessen andere oder schimpfen auf ihre Lebenssituation. Manchmal dient die Ambivalenz dazu, die anstehenden Entscheidungen genau zu überdenken und für die Konsequenzen Kraft zu sammeln. Durchschreitet man dann mutig und im Vertrauen diese Wegstrecke, wird sich der Selbstwert festigen und vermehren. Die Selbstsicherheit, die gewonnen wird, macht die Ausstrahlung authentischer.

Die Lebensenergie im Körper der empfindsamen Wanderer

Die wach gewordene Energie kreist im Bereich des Bauchs und der Brust. Die Gefühle werden schneller wahrgenommen und die eigenen Bedürfnisse des Körpers klarer erkannt. Eine Ernährungsumstellung, mehr Bewegung oder mehr Ruhe werden möglich. Suchtmittel können losgelassen werden. Die seelische und körperliche Gesundheit tritt in den Vordergrund. Die Verbindung zu den Naturelementen wird gesucht und als heilsam empfunden. Gebet und Meditation stärken die Seele.

Allerdings verteilt sich die Lebensenergie noch nicht in die Arme, Hände und bis in die Füße. Deshalb fällt ihnen das Durchhaltevermögen, das Vertreten des eigenen Standpunktes und das konsequente Handeln noch schwer.

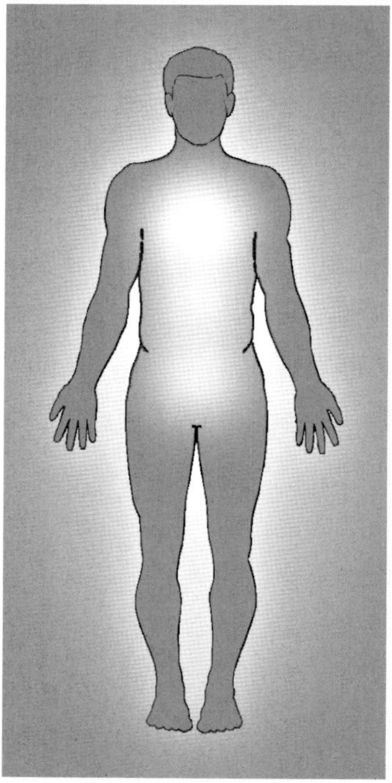

Der Wanderer an der dritten Station

Die Lebensenergie ist erwacht und kreist vom Brustbereich bis zum Becken.

Hinweis

- In welcher Lebensphase wurden Sie mit Widerständen, Ambivalenzen oder Lebensprüfungen konfrontiert?
- Welche Konsequenzen haben Sie damals gescheut?
- Wie könnten Sie den Faden wieder aufnehmen?

Kein Weg ist lang für den,
der langsam und ohne Eile vorwärts schreitet:
Kein lockendes Ziel liegt zu fern, für den,
der sich mit Geduld rüstet.

Jean de la Bruyere

4

Vierte Station

Die Wanderer begegnen ihrem Vater

Die vierte Station im Lebenslabyrinth bedeutet die Konfrontation mit der Vater-Kind-Beziehung und der Selbstverantwortung.

Im Gegensatz zur Konfrontation mit der Mutter-Kind-Beziehung sind die Wanderer an dieser Station ihres Weges schon in der Lage, ihren Gefühlen zu begegnen und für diese Verantwortung zu übernehmen.

Kinder brauchen vom Vater die Stärkung ihrer Identität entweder als Mädchen oder als Junge. In den Anfangsjahren der Psychoanalyse wurde hauptsächlich Wert auf die Konfliktlösung der Mutter-Kind-Beziehung gelegt. In den heutigen Therapieformen wird der Vater-Kind-Beziehung mehr Beachtung geschenkt, weil diese Beziehung für die Identitätsfindung eines Kindes von großer Bedeutung ist. Noch genauer werden in der systemischen Therapie zwischen den Vater-Tochter-Beziehungen und den Vater-Sohn-Beziehungen unterschieden. Die Tochter braucht für ihre Identitätsfindung vom Vater eine andere Unterstützung als ein Sohn.

Die Vater-Tochter-Beziehung

Für ein gesundes Heranwachsen brauchen Mädchen Väter, die im Umgang mit ihnen die folgenden Verhaltensweisen berücksichtigen:

- Der Vater stärkt die Identität seiner Tochter, indem er ihr vermittelt, dass er ihre mädchenhafte Ausstrahlung als etwas Schönes empfindet.
- Er stärkt ihren Selbstwert durch seine Freude, eine Tochter zu haben.
- Er bietet dem Mädchen Schutz und Halt.
- Er erzählt ihr nicht von seinen eigenen Sorgen.
- Er belastet seine Tochter nicht mit seiner Einsamkeit oder Verlassenheitsängsten.
- Er vergleicht die Leistungen seiner Tochter nicht mit denen seiner Söhne oder mit erwachsenen Leistungen.
- Er gibt ihr angemessenes Lob und Anerkennung.

- Er vergleicht seine Tochter nicht mit ihrer Mutter oder anderen Frauen.
- Er steht ihr bei ungerechter Behandlung bei und verteidigt sie.
- Er gibt ihr nicht den Vornamen einer Frau, die er mal sehr geliebt hat.
- Er weint sich nicht bei ihr aus und übertreibt seine Sentimentalität nicht.
- Er zeigt seiner Tochter etwas von seiner Welt, ohne sie dabei zum Jungen machen zu wollen.
- Er lässt sich auf ihre kindliche Welt ein und interessiert sich für ihre weibliche Entwicklung.
- Ist seine Tochter in der Pubertät, dann versteht er ihre Verunsicherung, die aus dem Wachstum vom Mädchen zur Frau entsteht.
- Wenn er seine jugendliche Tochter betrachtet, dann vergisst er nie, dass es seine Tochter ist, und schadet ihr nicht mit erotischen Blicken.
- Er zieht zwischen seiner erwachsenen und der kindlichen Erotik seiner Tochter eine deutliche Grenze.
- Probiert sich die Tochter mit ihren weiblichen Verführungskünsten bei ihm aus, dann bleibt er immer standfest und gibt ihr zu verstehen, dass

sie hübsch ist, aber das er bereits mit ihrer Mutter verheiratet ist. Auch sie wird einen guten Mann bekommen, wenn sie alt genug ist.

- Er lässt sich nicht von ihr manipulieren und um den Finger wickeln und setzt liebevolle, adäquate Grenzen.
- Er behütet seine Tochter weder zu viel, noch gibt er ihr grenzenlose Freiheit.
- Bei Regeln und Verboten reagiert er nicht übermäßig, sondern handelt in der Situation angemessen.
- Er unterlässt ein oberlehrerhaftes Erziehen.
- Er hört ihr zu, ohne dass er seiner Tochter sofort seine Ratschläge und Meinungen aufdrückt und seine Kompetenz ausspielt.
- Er spielt nicht permanent seine Macht über seine Tochter aus.
- Er übt weder körperliche noch seelische Gewalt aus.
- Für ihre finanziellen Wünsche und Bedürfnisse hat er ein offenes Ohr und ist nicht geizig.
- Er hält seine Versprechen ein.
- Er fragt sie, ob sie seine Meinung hören möchte, wenn sie ihm etwas von sich erzählt.

- Im intellektuellen Austausch hält er keine langen Monologe oder Predigten, sondern ist offen für Dialoge.
- Er nimmt seine Tochter ernst, zieht sie nicht ins Lächerliche und respektiert sie.
- Er lässt ihr Spielraum für ihre Wünsche und Bedürfnisse.
- Er blamiert seine Tochter nicht vor ihren Freunden.
- Er spioniert ihr nicht hinterher und dringt nicht in ihre Geheimnisse ein.
- Bei Liebeskummer bringt er ihr Verständnis und Mitgefühl entgegen, und sie darf sich an seiner Schulter ausweinen.

Vielleicht liest sich unsere Liste wie eine Wunschvorstellung zu kurz gekommener Frauen, die kaum ein Vater erfüllen kann. Da viele erwachsene Töchter jedoch dazu neigen, ihren Vater zu unkritisch zu betrachten, können sie auf der Basis dieser Aufzählung konkret für sich feststellen, welche guten Qualitäten in ihrer eigenen Vater-Tochter-Beziehung wirklich vorhanden waren und was gefehlt hat.

Es ist für eine Frau wichtig zu erkennen, welche Defizite und seelische Wunden aus der Beziehung zu ihrem Vater (kurz: Vaterwunden) herrühren. Solange eine Frau ihren Vater verherrlicht und ihn damit schützt, ist sie psychisch noch ein Mädchen. Paradoxerweise erwählt sie sich dann einen Mann, der sie mit ihren alten unbewussten Defiziten und Wunden aus der Vaterbeziehung konfrontiert. Am Anfang der Beziehung der erwachsenen Tochter zu einem Mann steht eine Anziehung, die der Verherrlichung des Vaters entspringt. Sie macht die Frau blind, wie es Verliebtheit auch tut, weshalb beide verwechselt werden. Oder der Mann erfüllt zumindest anfangs dort Bedürfnisse, wo die Beziehung zum Vater Defizite hinterlassen hat. Erkennt die Frau diese Zusammenhänge der Übertragungen nicht, wird sie sich später beschweren, weil sie unter ähnlichen Verhaltensweisen des Partners leidet wie bei ihrem Vater. Sie wird ihre Enttäuschung, ihre Wut und ihren Schmerz gegen ihren Mann richten und ihren Vater weiter verschonen, obwohl sie an sich ihren Vater meint.

Durchschaut eine Tochter bereits, dass sie viele Vaterwunden und Defizite in sich trägt, kann sie beschließen, sich so nicht mehr behandeln zu lassen. Als Tochter hatte sie keine Chance, sich gegen das Fehlverhalten des Vaters zur Wehr zu setzen. Trennt eine Frau jedoch nicht die alten Gefühle, die zu ihrer Vatergeschichte gehören, von den Gefühlen, die situationsbedingt durch ihren Mann ausgelöst werden, dann wird sie scheitern. Die Frau glaubt zwar, sie habe sich zur Wehr gesetzt, aber sie bleibt unglücklich. Ihr Mann bekommt außerdem unbewusst mit, dass er von ihr ungerecht behandelt wird, weil er nur Auslöser ihrer Gefühle ist und nicht der eigentliche Verursacher.

Um den erforderlichen Ablösungsprozess vom Vater zu beginnen, gibt es für Frauen folgende Möglichkeit:

Nehmen Sie sich unsere Aufzählung der Verhaltensweisen eines Vaters, die das gesunde Heranwachsen eines Mädchens fördern, zur Hand und notieren Sie, welche Defizite Sie in Ihrem Leben finden. Danach schreiben Sie auf, welche seelischen oder körperlichen Wunden (z. B. Schläge) Ihnen Ihr Vater zugefügt hat. Stellen Sie dann ein Bild Ihres Vaters auf und legen einen Schreibblock, ein Handtuch, ein Kissen, Taschentücher und ein schwarzes Trauertuch bereit.

Jedes Mal, wenn Sie heftig emotional auf Ihren Partner reagieren, ziehen Sie sich erst einmal aus dem Konflikt zurück. Lesen Sie später dann Ihre Aufzeichnungen und finden heraus, welche Defizite und Verletzungen sich hinter dem Streit mit Ihrem Partner verbergen. Gehen Sie dann zu dem Bild des Vaters und schreiben ihm einen Brief. Schreiben Sie, was Sie sich von ihm so sehr gewünscht hätten und was Sie zu wenig oder niemals von ihm bekommen haben.

Schreiben Sie auch die Umstände auf, durch die er Sie verletzt und Ihre Grenzen nicht geachtet hat. Dieser Brief wird nicht an den Vater abgeschickt, sondern in einem Abschlussritual verbrannt.

Für Ihre Emotionen, die im Streit mit Ihrem Mann und beim Aufschreiben wachgeworden sind, nehmen Sie das Handtuch und schlagen so lange auf ein Kissen ein, bis Sie sich von Ihrer Wut befreit haben. Wenn Gefühle von Traurigkeit wachgeworden sind, nehmen Sie symbolisch das schwarze Tuch, bedecken Ihren Kopf damit und erlauben sich, Ihre Traurigkeit und Ihre Schmerzen darunter zu beweinen.

Ist dieser emotionale Prozess durchlaufen, gehen Sie auf ihren Mann zu und berichten ihm sachlich, was Sie mit Ihrem Vater erlebt haben. Bitten Sie ihn, mit seinen Verhaltensweisen achtsam zu sein, damit die Wunden aus Ihrer Geschichte nicht ständig wieder aufbrechen.

Wenn Sie sich für die therapeutische Aufarbeitung der Beziehung zu Ihrem Vater lieber Hilfe suchen wollen, empfehlen wir Ihnen unbedingt, eine Therapeutin zu wählen. Ohne unseren männlichen Kollegen zu nahe treten zu wollen, so besteht bei diesem Thema doch die Gefahr, dass Sie sich auch im therapeutischen Setting eine Situation schaffen, in der Sie beispielsweise die Verherrlichung ihres Vaters auf den Therapeuten übertragen. Jede Idealisierung hat ihre Wurzel in der Vergangenheit und beruht auf einem Missverständnis, das Sie mitgetragen haben. Um vom Mädchen zur erwachsenen Frau zu reifen, ist weibliche Unterstützung wertvoll.

Männliche Leser können ihr Bewusstsein erweitern, indem sie erkennen, dass jede Frau durch das Verhalten ihres Vaters mehr oder weniger belastet ist. Männer brauchen nicht die Verantwortung für diese Wunden zu übernehmen, wenn Konflikte dadurch entstehen, aber sie können mit Mitgefühl und Verständnis viel zur Heilung ihrer Frauen beitragen. Durch einen achtsamen Umgang in kritischen Situationen erleichtern sie ihr Beziehungsleben.

Ein andere Form von Schwierigkeiten in der Partnerschaft ergibt sich bei der Tochter, die den Vater verherrlicht. In der Ehe bietet ihr der Partner in manchen Verhaltensweisen nicht die Qualität, die sie von ihrem Vater gewöhnt ist, zum Beispiel:

- Der Vater hatte ein gutes Gedächtnis, ihr Mann schreibt sich alles auf, weil er vergesslich ist.
- Der Vater liest interessante Bücher, ihr Mann schaut nur Fernsehen usw.

In diesem Fall wertet die Frau ihren Mann deshalb möglicherweise ab und zweifelt sogar daran, ob er der richtige für sie ist.

Der an dieser Station des Lebensweges notwendige Ablösungsprozess fordert von den Wanderinnen, dass sie diese Zusammenhänge durchschauen und ihre Partner von Vergleichen mit dem Vater erlösen. Viele Frauen glauben, dass sie mit ihrem Vater heute im Frieden sind, und empfinden es auch so, aber solange sie ständig in immer wiederkehrenden gleichen Konflikten mit ihren Partnern oder Vorgesetzten landen, kann etwas an dieser Aussage nicht stimmen. Falls die Projektion nicht in der Partnerschaft auftaucht, dann kann sie auch mit Autoritätspersonen wie Lehrern, Chefs, Therapeuten, Polizisten oder anderen gelebt werden. Hat die Frau nicht nur eine psychische Beschädigung von ihrem Vater erfahren, sondern ist sogar psychisch vernichtet worden, kann es sein, dass sie auf jeden Mann projiziert. In diesem Fall braucht die Frau therapeutische Hilfe.*

Die Vater-Sohn-Beziehung

Für ein gesundes Heranwachsen brauchen Jungen Väter, die im Umgang mit ihnen die folgenden Verhaltensweisen berücksichtigen:

- Der Vater lebt für seinen Sohn eine Vorbildfunktion.

*s. dazu unser Buch: Wir leben die Liebe in wachsenden Ringen. München (Knaur) 2005. Als Taschenbuch: So gewinnt die Liebe neues Leben. München (Knaur) 2006. Dort werden systemische Zusammenhänge ausführlich beschrieben, die erkennen lassen, warum so viele Töchter durch die Beziehung zu ihrem Vater belastet sind.

- Er sollte ihm vorleben, dass ein Mann zu seinem Wort steht.
- Ein Sohn muss sich auf seinen Vater verlassen können.
- Um die Männlichkeit in seinem Sohn zu stärken, muss der Vater Zeit mit ihm allein verbringen.
- Er darf ihn nicht nur zu seinen eigenen Hobbys und Interessengebieten mitnehmen, sondern sollte auch auf die Interessen des Sohnes eingehen.
- Er zwingt seinem Sohn nicht das eigene Hobby oder seine Träume auf.
- Der Vater wendet sich seinem Sohn emotional zu.
- Der Körperkontakt zwischen Vater und Sohn beschränkt sich nicht nur auf gelegentliche Spaßkämpfchen, sondern beinhaltet auch zärtliche Berührungen.
- Der Vater spendet seinem Sohn Trost, wenn der Junge ein Ziel nicht erreicht hat.
- Er spricht ihm Mut zu und zeigt ihm, wie er sich verbessern kann.
- Bei der Klärung von Konflikt steht er ihm bei.
- Er straft ihn gerecht und nicht übermäßig.

- Der Vater erlaubt sich und seinem Sohn weiche Gefühle wie Trauer, Liebe und Sehnsucht zu leben.
- Der Vater beschämt seinen Jungen nicht.
- Er hat für Schamgefühle seines Sohnes Verständnis.
- Er hört sich die kindlichen Sorgen seines Sohnes an, steht ihm bei und schafft Vertrauen.
- Der Vater berichtet seinem Sohn von seiner eigenen Vater-Sohn-Geschichte.
- Er fördert die Beziehung des Sohnes zum Großvater, egal, ob dieser lebt oder schon tot ist.
- Der Vater klärt seinen Sohn sexuell auf.
- Er macht sich nicht über die Körperlichkeit seines Sohnes lustig.
- Er belastet seinen Sohn nicht mit seiner eigenen erwachsenen, männlichen Sexualität.
- Er führt ihn nicht in die Welt der Pornographie oder der Bordelle ein.
- Er lebt ihm einen wertschätzenden Umgang mit Frauen vor.
- Er diskutiert mit seinem Sohn, ohne es in Machtkampf oder Rechthaberei enden zu lassen.

- Die eigenen Interessen und die Berufswahl des Sohnes werden vom Vater respektiert.
- Der Vater überlässt dem Sohn immer mehr angemessene Verantwortung.
- Er überfordert seinen Sohn weder körperlich noch psychisch.
- Der Vater ist sich der Gradwanderung zwischen guter Förderung, der Kraft des Sohnes und einem übertriebenen Hartmachen fürs Leben bewusst.
- Er übt weder körperliche noch psychische Gewalt aus.
- Nur wenn der Sohn dafür offen ist, vom Vater etwas anzunehmen, gibt der Vater seine Fähigkeiten an ihn weiter.
- Der Vater teilt dem Sohn seine Freude über die Stammhalterschaft mit.
- Er setzt sich mit seinem Sohn auseinander und gibt ihm adäquate Grenzen.
- Er stärkt ihn mit Lob und Anerkennung.
- Er fördert die Talente seines Sohnes auch dann, wenn er selbst nichts damit anfangen kann.
- Der Vater nutzt seinen Sohn nicht aus.

- Er manipuliert ihn nicht, um sich eigene Vorteile zu verschaffen.
- Er bezieht seinen Sohn nicht in die Auseinandersetzungen in seiner Partnerschaft ein.
- Er benutzt seinen Sohn nicht als Vermittler.

Männliche Leser können auf Grund dieser Aufzählung für sich erkennen, wie stark sie belastet sind. Leider haben wir feststellen müssen, dass manchen Männern Selbstreflektion schwer fällt und dass sie deshalb ungenau ausfallen kann. Deshalb empfehlen wir die therapeutische Begleitung, um das Wachstum durch Fremdreflektion effektiver zu unterstützen.

Es gibt kaum einen Mann, der nicht Defizite und Verwundungen aus seiner Beziehung zum Vater in sich trägt. Hier sind Handeln und Selbsterantwortung wichtig, um die Wunden zu heilen und die Kraft zu stärken. Bisher haben sich unserer Meinung nach zu wenige Männer Zeit, Raum und Unterstützung dafür gegönnt. Der männliche Glaubenssatz, alles allein schaffen zu müssen, steht dabei im Weg und wirkt kontraproduktiv. Sich Hilfe zu holen, um dann schneller die ganz eigene, kraftvolle, männliche Identität zu finden, fällt Männern hoffentlich bald leichter.

Für Männer, die viele Vaterwunden in sich tragen, empfiehlt es sich, zunächst zu einer Therapeutin zu gehen, weil sie, durch die starke väterliche Verletzung zu männlichen Therapeuten wenig oder noch gar kein Vertrauen aufbauen können. Wenn jedoch ihre Vatergeschichte schon etwas geheilt ist, können sie von der weiblichen Therapeutin zum männlichen Therapeuten wechseln. Findet ein Mann für sich heraus, dass er mehr Defizite als Vaterwunden in sich trägt, dann sollte er zu seiner Heilung zu einem männlichen Therapeuten gehen.

Die Beziehung zum Vater prägt das Grundmuster für den männlichen Aspekt, für Beruf und Karriere. Wenn Sie Probleme mit Ihrem Vater haben, werden die Grundmuster Ihrer Arbeitsbedingungen davon bestimmt, die dann zu Autoritätskonflikten, Versagen, Faulheit, Überarbeitung, oder Mangel an Erfolg führen. Viele der Berufsprobleme könnten transformiert werden, wenn sich mehr Männer dazu entschließen würden, die Beziehung zu ihrem Vater aufzubauen oder zu verbessern. Das ist möglich, selbst wenn der Vater nicht mehr lebt.

Um Ihr Vater-Sohn-Verhältnis zu reflektieren, könnten Sie sich fragen, welchen Vorwand oder welche Entschuldigung Ihnen Ihre Kindheit geliefert hat, etwas zu tun oder zu lassen. Wenn Sie ehrlich auf bestimmte Situationen Ihres Lebens schauen und diese Frage erfolgreich klären, wird Sie das von Machtkämpfen und Autoritätskonflikten in Ihrem Leben befreien.

Ein Autoritätskonflikt dreht sich immer um die Frage, wer der Boss ist. Auf der unbewussten Ebene kann das ein Kampf mit dem Vater, möglicherweise auch mit Gott, sein. Es ist manchen Söhnen nicht bewusst, wie sehr sie ihrem Vater die Schuld für alles geben, was in ihrem erwachsenen Leben geschieht. Sie verharren in der kindlichen Perspektive, um zu ›beweisen‹, dass ihr Vater falsch an ihnen gehandelt, vielleicht sogar falsche Entscheidungen im Leben getroffen hat. Mit diesen Bewertungen versuchen sie verzweifelt, sich selbst zu beweisen, dass sie weder auf ihren Vater, ihren Chef oder Gott hören können. Vielleicht tun sie so, als würden sie Autoritäten zuhören, aber innerlich benutzen sie die leidvollen Ereignisse ihrer Kindheit als Ausrede, um jede Autorität außerhalb ihrer selbst zurückzuweisen.

Viele Probleme des Alltags werden zum Kampf darum, wessen Fähigkeiten die von höchster Qualität sind. Wenn es erwachsene Söhne schaffen, den Vater nicht mehr durch die Augen des ehemaligen Kindes, sondern durch die Augen eines Erwachsenen zu sehen, können sich die alten Konflikte auflösen. Das Kind ist nicht in der Lage, die existentielle Situation des Vaters im Ganzen zu verstehen. Ihm fehlt Lebenserfahrung und das Wissen um die Geschichte des Vaters, um einordnen zu können, wie er handelt. Kinder beurteilen falsch oder unvollständig, was der

Vater tut. Es kommt vor, dass sie von diesem Urteil nicht mehr abrücken, und meinen, ihre Eltern wären wirklich so, wie ihr kindlicher Blickwinkel es gedeutet hat.

Wenn sich erwachsene Söhne von Herzen zu ihrem Vater bekennen können, ersparen sie sich, Jahre des Vergleichens, des Selbstzweifels und des Gefühles, in einer Tretmühle gefangen zu sein. Sie ersparen sich die Erfahrung, für harte Arbeit nicht angemessen entlohnt zu werden. Sie entgehen der Unfähigkeit zu empfangen. Und ein Burnout bleibt ihnen wahrscheinlich auch erspart. Vergibt der Sohn seinem Vater, hilft diese Vergebung, den Vater zu befreien, während sie dem Sohn selbst hilft, sich von seinen versteckten Schuldgefühlen und Eigenaggressionen zu lösen.

Nicht nur um die eigenen Probleme in der Arbeitswelt zu durchschauen, auch für das Gelingen der Partnerschaft sollten Mann und Frau gleichermaßen ihr Bewusstsein für die Folgen ihrer Kindheit erweitern. Erst dann können die versteckten Formen von Verdrängung, Verweigerung, Kompensation und Projektion bewusst erfahren werden. Wenn sich Männer unbewusst schuldig fühlen und deshalb eine bestimmte Rolle wie den Helden, den Tröster, das verlorene Kind oder das unschuldige Opfer angenommen haben, können sie diese unwirksame Strategie erkennen und loslassen. Die Frau sieht sich dabei vielleicht entsprechend in der Rolle der guten Person, die stets durch ihren Mann verraten wird. Sie beklagt sich über ihn und sieht dabei nicht, dass Klagen das Gegenteil von hilfreichem Verhalten und tiefer, ehrlicher Kommunikation ist. Beide erkennen nicht, dass es die alten Wunden in ihrem Herzen sind, die sie heute in die Anklagen bringen oder ihnen Dinge zu tun erlauben, die sie noch weiter in die Trennung voneinander bringen.

Die Lebensenergie an der vierten Station

Der Vater steht symbolisch für die Prinzipien Verantwortung und Handeln. Durch die Körperprozesse an den anderen Stationen kann sich die Lebensenergie jetzt noch mehr im Körper ausbreiten. Sie fließt vom Bauch in die Beine, von der Brust in Arme und Hände und in den Kopf. Die Gesichtsmaske fängt an, Risse zu bekommen, und der authentische Gesichtsausdruck verstärkt sich. Die Stimme wird kräftiger, klingt echter und bekommt mehr Nuancen.

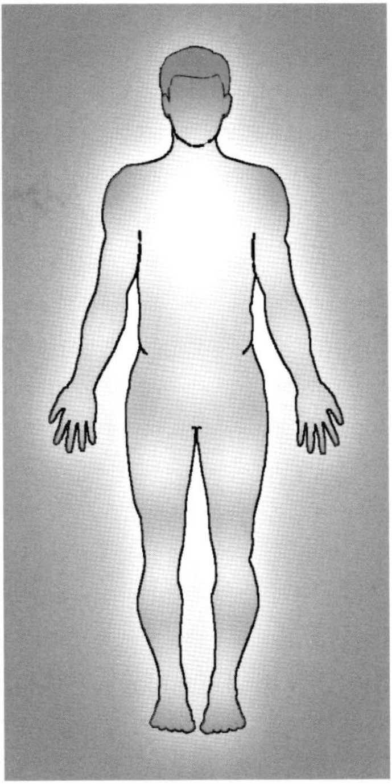

Der Wanderer an der vierten Station

Durch die weitere Verteilung der Lebensenergie im Körper kann mehr bewusste Verantwortung übernommen werden. Ein direktes Handeln wird möglich.

Hinweis

Prüfen Sie in unseren Aufzählungen Ihre Vaterdefizite und Ihre Vaterwunden. Wo stehen Sie in der Aufarbeitung dieser Themen?

param.

Nicht über das Ziel
geht man mit sich zu Rate,
sondern einzig über die Wege,
die zum Ziel führen.

Thomas von Aquin

param

5

Fünfte Station

Die Wanderer begegnen ihrem spirituellen Wesen

Die Herausforderung der fünften Station ist die Begegnung mit der Spiritualität.

Die Wanderer haben an dieser Stelle bereits ihre Mutter- und Vaterkonflikte bereinigt, und der nächste Schritt hat sie in die Selbstverantwortung geführt. Das bedeutet nicht, dass sie nun keine Konflikte mehr hätten, aber sie können bei Auseinandersetzungen unterscheiden, welcher Anteil aus ihren alten Übertragungen herrührt und welcher reale Anteil in der Situation direkt mit den Beteiligten geklärt werden muss. Dadurch nehmen die kindlichen Reaktionen in ihrem Alltagsleben ab, und die Wanderer handeln gelassener und konstruktiver. Ihre persönliche Wahrnehmung hat sich erweitert. Die Wanderer sind sich ihrer eigenen Stärken und Schwächen bewusst und brauchen sie weder besonders hervorzuheben noch zu verstecken. Die Beziehungen zu ihren Mitmenschen sind ihnen wichtiger als Rechthaberei. Den Eltern und den Familienmitgliedern haben sie restlos vergeben und sie sind dankbar für das, was sie von ihnen bekommen haben. Sie haben sich von den Schmerzen der Demütigungen befreit und sind nun bereit, demütig zu sein. Ihre Fähigkeit wahrzunehmen, auf welchen Stationen die anderen Wanderer stehen, hilft ihnen im Umgang mit diesen gelassener zu sein. Sie erkennen andere Wanderer an und schaffen es, sich liebevoll abzugrenzen, wenn es erforderlich wird. Das Mitgefühl und das Verständnis für ihre Mitmenschen sind gewachsen.

Es ist ihnen möglich geworden, jede Situation aus verschieden Blickwinkeln zu betrachten, um sich von eigenen negativen Reaktionen zu befreien. Die erweiterten Wahlmöglichkeiten schaffen in spannungsgeladenen Situationen in der Partnerschaft, die durch menschliche Unterschiedlichkeiten entstehen, Entlastung. Dadurch wird vermieden, dass es weiter wie bisher zum inneren oder äußeren Abbruch des Kontakts kommt, was die Wiederannäherung an den Partner erleichtert.

Wenn die Wanderer immer mehr Verantwortung für ihre Erfahrungen übernehmen und die Wahrheit über ihre Gefühle aussprechen, ohne dass Aggression oder Beurteilung mitschwingt, bauen sie damit Brücken zu anderen Menschen. Zurückgehaltene Informationen verhindern die volle Entfaltung von Situationen und Beziehungen. Wenn jeder beginnt, seine Gefühle und Gedanken adäquat mitzuteilen, wird bisher gestaute Energie freigegeben, Einsichten steigen auf, Kooperationen werden möglich und alle beteiligten Menschen gewinnen ihre eigene Kraft zurück.

Wenn die Wanderer diesen neuen Blickwinkel in Situationen nutzen, in denen sie früher Informationen zurückgehalten haben oder Aggression und Beurteilung mitschwang, leben sie in einem großen inneren Frieden mit sich selbst und anderen. Sie lassen sich weder von Menschen noch Lebensumständen wie Zeit, Geld, Krankheit oder Schicksalsschlägen von ihrem gewählten, zielgerichteten Weg der Suche nach sich selbst aufhalten. Durch ihre Weiterentwicklung haben sie die Wahl, bei Wanderern, die auf anderen Entwicklungsstationen sind, zu bleiben oder sie zu verlassen, um einen Partner zu finden, mit dem eine Seelenverwandtschaft besteht. Eine wirkliche Wahl zu bleiben oder zu gehen besteht erst dann, wenn sie im Zusammenleben mit ihren Partnern nicht mehr in Gefühlsreaktionen stecken bleiben.

Erst an dieser fünften Station, nachdem sie sich auf dem vorherigen Etappen von unterdrückten Gefühlen befreit haben, verwandeln sich Einsamkeit und Verlassenheit in ein All-Eins-Sein. Statt triviale Kontakte zu pflegen, genießen sie es, sich Raum und Zeit zu nehmen, um mit ihrem inneren Frieden in Beziehung zu sein.

Wanderer, die den Weg bis zu dieser Station gegangen sind, haben sich diese Fähigkeiten erworben, weil sie ihre Lebensgeschichten aufgearbeitet haben. Die große Vorleistung die in ihre Arbeit an sich selbst geflossen ist, kommt jetzt wie aus einer nährenden Quelle zu ihnen zurück. Allerdings lässt sich das Universum weder manipulieren noch betrügen. Solange es bei Wanderern noch eine der folgenden inneren Haltungen gibt, verhindert diese Einstellung den beständigen Rückfluss aus der nährenden Quelle:

- »Ich habe doch schon soviel gemacht, warum...?«
- »Ich bin schon seit Jahren unterwegs, weshalb...?«
- »Ich bin doch schon so demütig, wieso...?«

Wer solche oder ähnliche Sätze wiederholt denkt oder erwähnt, kann hinterfragen, wo er im Prozess steckengeblieben ist und deshalb den wirklichen inneren Frieden noch nicht fühlen kann. Wer den inneren Frieden tatsächlich fühlt, hat kein Verlangen mehr, ihn nach außen darzustellen.

Bei Wanderern, die diesen weiten Weg bis hierhin zurückgelegt und auf der intensiven Wanderung durch das Lebenslabyrinth viel Zeit in die Aufarbeitung der Vergangenheit investiert haben, besteht die Gefahr, dass sie der Stolz auf diese Leistungen immer wieder aus einem friedlichen Seinszustand in alte Muster zurückwirft.

Wanderern, die aus der Quelle genährt werden, stehen viele Qualitäten zur Verfügung, die es ihnen jetzt ermöglichen, mit Freude Reiseführer für andere Wanderer zu sein. In der Tätigkeit des Reiseführers liegt an dieser Station allerdings noch ein großer Schmerz verborgen. Durch den ganzheitlichen Einsatz, andere mit Körper, Herz, Bauch, Wissen und Zeit zu begleiten, kann ein starker Weltschmerz erwachen.

Dieser Schmerz meldet sich auch bei uns durchaus in den Momenten, wenn unsere Schüler und Klienten viele Umwege, Rückfälle und Pausen durchleben. Jedoch ist dieser Schmerz des Wegbegleiters immer dann besonders heftig, wenn noch eine Identifizierung mit der Helferrolle besteht. Durch diesen inneren Prozess werden die Wegbegleiter herausgefordert, persönlich noch weiter zu wachsen und in Demut zu dienen. Durch ihre entfaltete Ethik und Liebe wählen sie ihre Schüler nicht aus Sympathie oder um ihrer eigenen Vorteile willen, sondern sie sind offen für alle Menschen und die Situationen, die ihnen dabei begegnen.

Das Alltagsleben der Wanderer an der fünften Station hat an Reife und Ordnung gewonnen. Die Dramatik, die auf den anderen Lebensstationen noch im Vordergrund stand, hat sich beruhigt. Die folgenden, wichtigen Themen sind gemeistert worden.

Beziehung

- Beide Partner übernehmen bewusst die Verantwortung für die Tatsache, dass Beziehung eine Herausforderung für ihr eigenes Wachstum ist.
- Sie leben keine Beziehungsspielchen mehr, sondern wenden sich konstant einander zu, sind konsequent und verbindlich.
- Die Beziehung dient nicht mehr nur der Aufarbeitung alter Wunden, sondern es besteht eine Seelenverbindung.
- Gegenseitiges Mitgefühl und Verständnis ist ihre Basis füreinander.
- Die Partner streben nicht mehr ausschließlich nach der Erfüllung materieller Bedürfnisse, sondern suchen gemeinsam ein tiefes Verschmelzen mit dem universellen Sein.

Familie

- Das Herz hat sich für alle Familienmitglieder wieder öffnen können und Vergebung hat geholfen, sich selbst und die anderen zu befreien.
- Auch bei Meinungsverschiedenheiten wird der Kontakte nicht mehr abgebrochen.
- Finanzielle Abhängigkeiten sind aufgelöst.
- Emotionale Abhängigkeiten bestehen nicht mehr.
- Familienhierarchien und Ordnungen werden eingehalten.
- Es besteht der Wunsch nach Ausgleich für frühere Ungerechtigkeiten zwischen den Geschwistern.
- Die Verbindungen zwischen den weiblichen wie zwischen den männlichen Familienmitgliedern dienen der Stärkung des jeweiligen Geschlechts.
- Die Gleichwertigkeit jedes Familienmitgliedes, auch der Halbgeschwister und der ehemalig Ausgeschlossenen, wird anerkannt.

Körper

- Die eigene Körperlichkeit mit ihren Unzulänglichkeiten oder Behinderungen wird in Selbstliebe angenommen.
- Der Körper ist energetisch vital, er bekommt ausreichende Bewegung, Entspannung und Ruhe.
- Seine Bedürfnisse werden wahrgenommen und erfüllt.
- Der Verstand kontrolliert nicht mehr die körperlichen Empfindungen und Gefühle.
- Die gesunde Ernährung dient dem Wohlbefinden des Körpers, es wird ihm kein Missbrauch mit Nikotin, Alkohol oder übermäßigem Essen mehr zu gemutet.
- Der Körper wird nicht zu sportlichen Aktivitäten missbraucht.
- Längere Unter- oder Überforderungen des Körpers werden vermieden.
- Seine Krankheiten werden als Chancen für Weiterentwicklung anerkannt.
- Die Kleidung dient als zweite Haut und wird den primären Bedürfnissen entsprechend ausgewählt.
- Das geistige Wissen wird nicht vernachlässigt.

Beruf

- Der Beruf wird zur eigenen Berufung.
- Das Arbeiten wird nicht zur Sucht und als Kompensationsmittel missbraucht.
- Die eigenen Ideen und Talente werden im Beruf verwirklicht.
- Der Beruf wird mit Begeisterung, Freude und Herzenergie ausgeführt.
- Es wird eine Berufsethik gepflegt und ein positiver, sozialer Sinn verfolgt.
- Für ein selbstständiges Handeln wird im Beruf Verantwortung übernommen.
- Berufsziele werden gesteckt, diszipliniert verfolgt und erreicht.

Geld

- Geld wird nicht mehr als schmutzig oder charakterverderbend abgelehnt, sondern als kraftvolle Energie anerkannt.
- Über Geld wird kein Machtmissbrauch ausgeübt.
- Geld dient nicht als Ersatzbefriedigung.
- Für die eigene finanzielle Existenz wird selbst gesorgt.

- Ein ererbtes Vermögen wird mit den eigenen Talenten sinnvoll genutzt.
- Einnahmen und Ausgaben wurden bewusst in Balance gebracht.
- Geiz und Gier sind überwunden.
- Das Streben nach Sicherheit und die Existenzängste haben abgenommen.
- Es gibt weder Geldbetrügereien noch kleine oder größere Übervorteilungen mehr.
- Der angemessene steuerliche Beitrag zur Gesellschaft wird geleistet.

Sinnfrage

- Die Wanderer haben an dieser Station ihren Leitgedanken für ihr Leben selbst gewählt.
- Unter diesem Leitgedanken verfolgen sie alle ihre Lebensvisionen.

Werte

- Selbstliebe und Nächstenliebe sind entfaltet.
- Zeiten innerer Zufriedenheit sind häufiger.
- Geduld und Gelassenheit sind ausgeprägter.

- Die Toleranz ist gewachsen.
- Die Wertschätzung und Anerkennung anderer fallen leichter.
- Eine vielseitige geistige Weiterbildung ist selbstverständlich.
- Entscheidungen werden in Verbindung von Herz und Verstand getroffen.
- Freude und Humor sind ständige Lebensbegleiter.
- Schönheitssinn und Ästhetik sind Bestandteil des Lebens.
- Für Kultur, Kunst, Musik ist Muße vorhanden.

Spiritualität

- Aus der Suche nach spirituellen Erfahrungen wurde ein spirituelles Leben.
- Die Spiritualität ist nicht abgehoben, sondern geerdet.
- Das ganzheitliche, spirituelle Sein wird dem nur geistigen, spirituellen Wissen vorgezogen.
- Spiritualität dient nicht mehr der Konflikt- oder Lebensvermeidung.
- Die verschiedenen Religionen oder Weltanschauungen werden nicht mehr ab- oder überbewertet.

- Spirituelle Disziplinen werden nicht übertrieben.
- selbstverständlich geworden.
- Die Verbindung von Körper, Geist und Seele ist stabiler.
- Andere Menschen werden nicht mehr ungefragt missioniert.
- Der eigene Weg geht auf das Erwachen und die Erleuchtung zu.

Die Wanderer gehen in den meisten Fällen von der fünften Station zielgerichtet weiter. Ihr Charisma zieht andere Menschen an, und viele wollen ihnen folgen. Sie beobachten ihre Gefühle und Gedanken bewusst und reagieren nicht mehr automatisch oder willkürlich auf ihre Umwelt. Ihr Handeln ist verantwortungsbewusst und zielgerichtet.

Die Lebensenergie an der fünften Station

Die Lebensenergie hat sich im gesamten Körper ausgebreitet. Sie fließt auch in Hände und Füße. Die Maskierung des Gesichtes hat sich aufgelöst, und die Energie fließt frei bis in das dritte Auge.* Das Unbewusste hat sich in mehr Bewusstsein verwan-

*Energiezentrum auf der Stirn zwischen den Augenbrauen

delt. Die Feinfühligkeit dient dem Wohlergehen des Körpers. Der Körper ist geerdet und der eigene Standpunkt kann kraftvoll vertreten werden. Es ist eine gewurzelte Spiritualität entstanden.

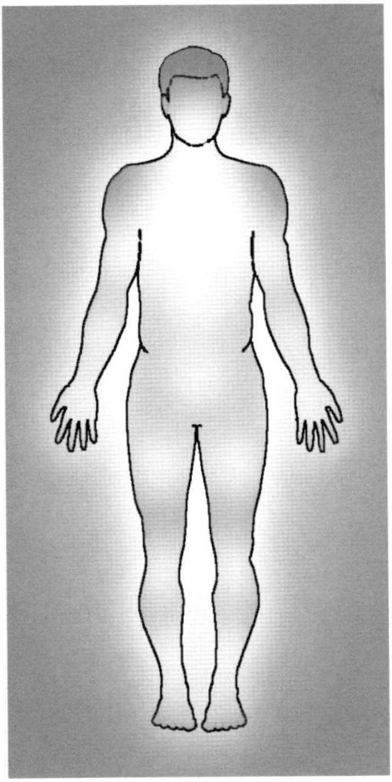

Der Wanderer an der fünften Station

Die Lebensenergie fließt vom dritten Auge bis zu den Fußsohlen. Die Wanderer übernehmen Verantwortung für ihr Handeln. Sie können ihre Meinungen kraftvoll vertreten und ihre Ziele verfolgen. Die Spiritualität ist gewurzelt.

Hinweis

Spirituelle Sucher, die auf dem Weg zu ihrem wahren Selbst sind und noch mehr Zugang finden wollen, können das nicht allein durch Bücherlesen erreichen. Sie brauchen erfahrene Lehrer und Lehrerinnen oder spirituelle Therapeuten, um sich auszutauschen, damit sie nicht in einem Spiel des Verstandes stecken bleiben.

Erreiche den Gipfel der Leere.
Bewahre den Gipfel der Ruhe.
Und alle Dinge werden gedeihen.

Lao-tse

6

Sechste Station

Die Wanderer sind erwacht

An der sechsten Station besteht die Möglichkeit nach Hause zu kommen.

Nach Hause kommen heißt, tief in die Existenz zu lauschen und sich ihr anzuvertrauen, sich hinzugeben und sich dennoch aktiv an allem Geschehen zu beteiligen. Es ist wichtig, dass auf dem bisherigen Weg die innere weibliche Kraft sowohl im Mann als auch in der Frau voll entwickelt wurde. Die entfaltete weibliche Kraft hilft den Wanderern, an der sechsten Station alles anzunehmen, was auf sie zu kommt, was gleichsam in ihre Schale fällt.

Auch das innere männliche Prinzip sollte in einem Mann oder einer Frau voll entwickelt sein, damit sie für alles, was ihnen begegnet, selbst die Verantwortung übernehmen können. Die männliche Seite in uns ist gefordert, um zu allem stehen zu können. Sei es in einer Situation ein deutliches Nein, in einer anderen ein klares Ja auszusprechen. Die innere weibliche Seite der Hingabe ist ebenfalls aufgerufen, denn es geht jetzt um eine vollständige spirituelle Öffnung, darum, sich gleichzeitig uneingeschränkt dem Nichts und genauso uneingeschränkt dem Alles anvertrauen zu können. Viele Menschen, die lange auf der Suche nach ihrem göttlichen Kern sind, kennen ganzheitliche spirituelle Erfahrungen der fünften Station. Aber sie können diesen Seinszustand nicht dauerhaft halten, weil sie noch nicht ganz im göttlichen Zustand angekommen sind. Viele spirituelle Meister bezeichnen sie deshalb als Wanderer im Übergang.

Erst mit dem völligen Erwachen sind die Identifizierungen gelöst und alles Suchen hat ein Ende. So stark auch bei manchem Wanderer der Wunsch nach einem Leben im göttlichen Zustand sein mag, er kann weder durch einen moralisch-ethischen Lebenswandel, noch durch Herbeibeten erzwungen werden. Einige Wanderer bekommen dieses Geschenk ohne Anstrengung aus göttlicher Gnade. Erleuchtete, die im göttlichen Zustand angekommen sind, geben allen anderen Wanderern auf verschiedene Weise Unterstützung. Die einen sitzen in Stille und senden göttliche Energie, andere stellen sich ihren Schülern als Meister zur Verfügung.

Vielleicht fragen Sie sich jetzt, warum muss ich alle fünf Stationen durchwandern und Therapien und Seminare besuchen, kann ich nicht eine Abkürzung nehmen und gleich zu einem erleuchteten Meister gehen?

Auch ein spiritueller Meister kann seine Schüler nur da abholen, wo sie sich in ihrer Entwicklung befinden. Alles, was bei den Schülern noch verborgen und unterdrückt ist, wird auch bei ihm ans Licht kommen und psychisch verarbeitet werden müssen. Haben die Wanderer ihre Kindheitsgeschichte bereits aufgearbeitet, bevor sie im letzten Schritt zu einem spirituellen Meister gehen, tun sie sich leichter, weil sie stabiler sind und gleichzeitig durchlässiger für die göttlichen Energien.

In früheren Zeiten gab es nur wenige Menschen, die bis zur Erleuchtung gekommen sind. Im einundzwanzigsten Jahrhundert dagegen treten mehr Erleuchtete in Erscheinung. Für Sucher, die sich jetzt auf den Weg gemacht haben und diese Stufe erreichen wollen, gibt es deshalb viel mehr energetische Unterstützung. In Zukunft werden immer mehr Menschen die sechste Station erreichen, weil es mehr Erwachte gibt, die ihr Wissen und ihre Energie zur Verfügung stellen. Obwohl die Erwachten bereit sind, anderen Wanderern ihre Hilfe anzubieten, tun sie sich schwer damit, den Seinszustand der sechsten Station in Worten zu beschreiben. Die

Suche nach passenden Beschreibungen bleibt auf der Ebene des Verstandes und deshalb kann man dem göttlichen Sein mit Wörtern nicht gerecht werden. Viele Erwachte wählen eine andere Möglichkeit, nämlich in Stille miteinander zu sitzen. Doch alle Schüler möchten Fragen beantwortet haben, sie möchten wissen, wie sie diesen Zustand erreichen können.

Es gibt verschiedene Modelle, um den Wanderern ein Bild vom göttlichen Seinszustand zu vermitteln. Wir bieten folgendes Hilfsmittel an, um die Unterschiede zwischen menschlichem und göttlichen Bewusstsein zu verstehen. Nehmen wir an, Gott ist alles, was ist, und er ist in allem, was ist. Wenn Gott alles ist: das Feuer, das Meer, der Wind, der Mensch, dann beinhaltet er das alles, aber es ist ihm nicht möglich, sich auszudrücken. Zum Ausdruck braucht es Abstand und Unterscheidung. Wenn Gott alles ist, dann ist nichts außer ihm da, von dem er sich unterscheiden kann. In allen Teilen begegnet er nur immer sich selbst. Um sich ausdrücken zu können, muss es einen Beobachter geben und etwas außerhalb zum Beobachten.

Nehmen wir weiter an, Gott habe aus diesem Wunsch nach einem Gegenüber die Illusion erschaffen, es gäbe keine Einheit, sondern nur Polaritäten: Hier bin ich, dort bist du. Hier ist es dunkel dort, ist es hell. Hier unten ist die materielle Welt, dort oben die geistige. Das ist ein sympathischer Mensch, der da ist unsympathisch.

In der jüdischen und der christlichen Mystik wird die Metapher vom Auszug aus dem Paradies als dieser Akt Gottes gedeutet. Indem er uns sozusagen ›vertrieben‹ hat, kann sich Gott in uns betrachten, in unseren Handlungen, unserer Körperlichkeit, unserer Angst, unserem unruhigen Geist. Wie ein liebevoller Vater, Freund, Geliebter schaut er uns zu, wie wir ›spielen‹, und wir dürfen jedes Spiel spielen, ohne dass er uns verurteilt oder missachtet. Leider haben wir dieses Wissen um die Verbundenheit, die Einheit mit Gott und allem was ist, verloren. Unser Alltagsbewusstsein kennt nur diesen Zustand, den wir aus spiritueller Sicht als Trennung bezeichnen.

Es ist leicht zu verstehen, warum wir glauben, von allen anderen getrennt zu sein. Wir fühlen uns in unseren Körper eingeschlossen und schauen durch die Augen wie durch ein Fenster hinaus, wo wir die Dinge der Welt sehen, andere Körper eingeschlossen. Weil diese ›anderen Körper‹ meist andere als unsere Interessen (zu) verfolgen (scheinen), meldet sich unser Ego und treibt uns in die Konkurrenz. Konkurrenz erzeugt einen Teufelskreis von Überlegenheit und Minderwertigkeit. Wer kann da glauben, dass die Verbundenheit mit anderen Lebewesen unsere grundlegende Natur ist?

Inseln im Meer scheinen voneinander getrennt zu sein, doch wenn wir unter die Wasseroberfläche schauen, erkennen wir ihre Getrenntheit als reine Illusion. Illusion hält uns gefangen und blockiert unsere Entwicklung. Die spirituelle Therapie erklärt uns das Gefühl des Getrenntseins – und damit der Abkehr vom Leben – als Auseinandersetzung mit Gott. Der Schmerz der Trennung weckt uns aus der Illusion und gibt uns die Möglichkeit, unser begrenztes Verstehen zu erweitern und unser Wesen Schritt für Schritt zu transzendieren.

Wanderer, die den Weg bis zur sechsten Station gegangen sind, haben ein natürliches Wachstum an Integrität und Bewusstheit erfahren und können mehr Weisheit in ihr Leben und ihre Beziehungen einbringen. Das Thema der zurückgelegten Wegstrecke war die familiäre Verstrickung und ihre Folgen im erwachsenen Leben. Durch ihre emotionale Entwicklung sind die Wanderer offener geworden, kommunikativer und sowohl fähiger als auch williger, sich zu verbinden und zu lieben. An der sechsten Station geht es darum, jene Ebene der Seele einzubeziehen, die alle Dinge aus dem Blickwinkel der Liebe und Einheit betrachtet. Diese Etappe ist mystisch und voller Wunder, weil die Beziehungsfähigkeit bis in die Tiefe aller Wesen und zu Gott wachsen kann. Der Wanderer beginnt Hingabe zu entwickeln und lernt, alles, was ihm im Leben begegnet, hundertprozentig zu akzeptieren. Die Fähigkeit, Gnade zu empfangen, Freude zu spüren und kraftvoll zu handeln, verstärkt sich dadurch enorm.

Die Seele spielt auf einer wichtigeren Ebene als das Alltagsbewusstsein. Sie ist in dieses Leben gekommen, um sich selbst herauszufordern, und sie hat dafür die perfekte Familie und die besten Umstände ausgesucht. Deshalb ist jede Situation in unserem Leben und jeder Mensch, der uns begegnet, von unserer Seele so ausgewählt. Die Seele ist an unserer Heilung interessiert und wenn das bedeutet, irritierende Themen oder Emotionen, die im Inneren begraben sind, an die Oberfläche zu bringen, so wird sie das unterstützen.

Beispielsweise wählt eine Seele die Lebensfacette, in der sie die Angst: »Ich bin nicht gut genug«; darstellen will. Große Teile der Lebensgeschichte werden sich deshalb um dieses Thema drehen. Da sind Eltern, die kritisieren und abwerten. Später im Beruf zeigen sich viele Herausforderungen, die durchaus gemeistert werden, aber das Gefühl, nicht gut genug zu sein, stellt sich immer wieder ein.

Oder jemand verliebt sich in einen Partner aus einer anderen Gesellschafts- oder Bildungsschicht. Die Arbeitertochter trifft einen Fabrikantensohn, der Handwerker eine Lehrertochter, die Tochter aus einem Geschäftshaushalt einen Beamtensohn. Die Beiden verstehen sich vielleicht gut, doch bei Begegnungen im Verwandtenkreis stellt sich das Gefühl ein, nicht gut genug zu sein, oder die Verwandten lassen es den aus der ›geringeren‹ Schicht spüren, dass er nicht dazu gehört.

Weil der Mensch verdrängt hat, dass die eigene Seele diese Facette gewählt hat, beschwert sich der Mensch über seine vielen Lebensschwierigkeiten. Er macht andere Menschen für sein Unglück verantwortlich und ist unzufrieden. Bleibt er dabei nicht stehen, sondern geht seinen Lebensweg weiter, kann er an den anderen Stationen die Möglichkeiten nutzen, sich mit seinen unterdrückten Gefühlen und Gedanken auseinandersetzen und sie zu verändern. Dadurch kommt er tiefer mit sich selbst in Kontakt und wird energetisch ausbalancierter. An der sechsten Station geht es um eine größere Aufgabe. Alles was ich im Leben erfahre ist hundertprozentig die eigene Wahl meiner Seele:

- die ewige Kritik des Partners
- der wiederkehrende Selbstzweifel im Beruf
- die alten Eltern, die weiter kritisieren
- das furchtbare Hotelzimmer im Urlaub
- der Verkehrsunfall, der verursacht wurde
- die erwachsenen Kinder, die Vorwürfe machen

Alles im Leben zu akzeptieren heißt, die positiven Aspekte einer Person, eines Ereignisses oder einer Situation zu entdecken. Diese Sichtweise öffnet für die Erfahrung von Sinn, Wertschätzung und Freude, was sich auf die solchermaßen anerkannten Menschen und Situationen positiv auswirkt.

Wogegen wir auch Widerstand leisten, wir verstärken und fördern es dadurch. Wenn wir glauben, uns verteidigen zu müssen, laden wir zum Angriff ein. Verteidigung drückt Furcht aus. Furcht entsteht, wenn wir an Angriffe, Urteile und Ungerechtigkeiten denken. In unserer Furcht projizieren wir diese Gedanken auf unsere Umwelt und dadurch sehen wir die Welt als einen gefährlichen Ort. Das macht uns ängstlich und wir versuchen uns, mit Worten oder Taten zu verteidigen.

Wir verteidigen uns auch, um wunde Bereiche unserer Seele zu schützen. Doch dadurch werden die Wunden nicht geheilt sondern nur versteckt und bleiben bestehen und wachsen sogar. Wenn die Ladung der alten Gefühle an die Oberfläche kommen darf, können wir die Wunden transformieren und den Kreislauf von Verteidigung und Angriff beenden.

Indem die Wanderer lernen, anzunehmen was geschieht, werden sie nicht länger festgehalten. Sie können der Situation erlauben, sich zu entwickeln. Sie müssen nicht mögen, was geschieht, wenn sie es aber annehmen können, wird es sie nicht aufhalten. Wenn sie keinen Widerstand leisten, kann sich ihr Leben zur vollen Blüte entfalten.

Die Wanderer sollten auf den vorherigen Lebensetappen gereift sein, um sich vollständig dem Leben hingeben zu können. Sind sie nicht genügend vorbereitet, werden sie Hingabe möglicherweise mit Selbstmanipulation verwechseln und dann besteht die Gefahr, dass sie eher psychotisch als erleuchtet werden. Eine Falle tut sich auf, wenn das Prinzip des inneren Beobachters nicht wirklich verstanden wurde. Das zeigt sich daran, wenn sich Menschen eher aus dem Geschehen entfernen und die Teilnahme am Leben vermeiden.

Im Laufe seiner Entwicklung, wurde der Wanderer ganz allmählich durch die materielle Welt hindurch zu dem geführt, was weniger greifbar, jedoch tiefer erfahrbar ist. Sein Leben hat sich durch Liebe, Freude, Verbindung und schließlich durch das Bewusstsein von Einheit vertieft. Spiritualität ist eine Partnerschaft mit Gott. Es ist die Erkenntnis des Wanderers, dass er Teil des göttlichen Geistes ist.

Die Lebensenergie an der sechsten Station

Das menschliche System weist sieben Energiezentren auf, die auch Chakren genannt werden. Diese Energiezentren sind Teil des feinstofflichen Körpers und verteilen die Lebensenergie an die verschiedenen Bereiche des physischen Körpers.

Seelische Wunden blockieren die Lebensenergie. Je mehr also emotionale Themen auflöst werden desto stärker öffnen sich die Chakren und die Lebensenergie kann das System freier und stärker durchströmt.

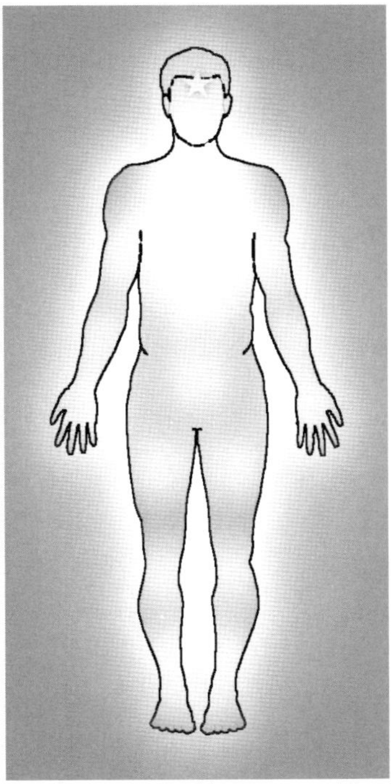

Der Wanderer an der sechsten Station

Wenn die sechste Station durchlebt wurde, wirkt der Körper nicht mehr steif und blockiert, sondern lebendig und in angemessener Bewegung. Die Augen strahlen Weichheit, Wärme, Liebe und Klarheit aus. Das Herz ist voller Mitgefühl, bereit Liebe zu schenken und Liebe zu empfangen. Die Beziehung zum eigenen Herzen fühlt sich warm und zärtlich an. Die Worte fließen liebevoll und wahrhaftig. Die Intuition ist klar und der Mensch kann die verschiedenen Stimmen in sich von der Stimme der Intuition deutlich unterscheiden. Das Feuer im Bauch stärkt die Kraft, den eigenen Standpunkt zu vertreten und die eigenen Ziele zu erreichen. Im Beckenbereich drückt sich die Lebensenergie als Kreativität aus. Das Ende der Wirbelsäule ist ebenfalls von Lebensenergie durchströmt. Hände und Füße sind warm, Arme und Beine beweglich. bereit zum Handeln und zur Bewegung.

Hinweis

Ein spirituelles Leben zu leben, bedeutet, sich auch einer spirituellen Praxis zuzuwenden, damit sich das Bewusstsein erweitert und das Unbewusste aufgelöst wird. Neben den verschiedenen Meditationsmethoden gibt es zwei Wege, an die sich jeder immer wieder erinnern kann. Entscheiden Sie selbst, welcher Weg Ihnen mehr liegt, der weibliche Weg, alles in Liebe anzunehmen, oder der männliche Weg, Selbstverantwortung zu übernehmen und den eigenen Anteil zu suchen, der zu den Ereignissen beigetragen hat. Menschen mit liebendem Herzen fällt die weibliche spirituelle Praktik häufig leichter, während intellektuell geschulte Menschen eher Zugang zum männlichen Weg finden.

Nach innen
geht der geheimnisvolle Weg,
in uns oder nirgends
ist die Ewigkeit mit ihren Welten,
die Vergangenheit und Zukunft.

Novalis

param.

7

Das Geheimnis enthüllt sich schrittweise

Wenn ein Kind geboren wird, beginnt ein neuer Lebenslauf. In dieser Welt sind die Menschen frei und gebunden zugleich. Denn der Lebensweg kann frei gewählt werden, doch er ist gleichzeitig durch karmische Bindungen geprägt, das genetische Erbe, das psychische Familienerbe, den Zeitgeist und so fort.

Schon als Kind werden wir mit Konflikten konfrontiert, die wir nicht selbst verursacht, doch aber gewählt haben, auch wenn dem Kind dieser Zusammenhang noch unbewusst ist. Wir wachsen mit zerstrittenen Eltern auf, werden in Kriegswirren hineingeboren oder unsere Eltern leben entwurzelt in einem fremden Land. Das Leben eines Menschen spielt sich nicht im luftleeren Raum ab und gewöhnlich auch nicht in einer heilen Welt. Kinder werden grenzenlos verwöhnt oder emotional vernachlässigt, zärtlich umsorgt geschlagen und missbraucht. Jeder Lebensweg ist irgendwie mit Problemen und Verstrickungen belastet. Aber ist ein Mensch nur die Summe seiner Probleme und Konflikte?

Wir meinen, ein Mensch ist nicht Produkt des Zufalls. Hinter seinem Leben steht vielmehr ein Plan, auch wenn der Sinn eines Menschenlebens nicht in wissenschaftlicher Weise beschrieben werden kann. Unser Aufgabe als Erdenwesen ist, unseren eigenen Weg durch das Leben zu durchwandern und dabei schrittweise zu erforschen, wie die Wendungen in einem Labyrinth. Dabei reifen wir als Wesen heran.

Der Mensch hat jedoch auch ein großes Bedürfnis nach physischer und psychische Sicherheit. Wir entwickeln Gewohnheiten und schaffen uns damit ein schützendes System. Kommt etwas Neues auf uns zu, wird gern die Sicherheit des Gewohnten mit aller Vehemenz beschworen. So leben wir in einem Spannungsfeld von Wachstum auf der einen und Sicherheit auf der anderen Seite. Zwischen diesen Polen müssen wir unseren Lebensweg finden. Mit jeder Wendung auf dem Lebensweg wechselt die Perspektive. Alles verändert sich ständig. Was eben noch Geltung und Richtigkeit hatte, kann im nächsten Moment infrage gestellt werden. Was ist schon vorbei und was beginnt jetzt erst neu? Was bislang unzweifelhaft war, wird mit einem Mal fragwürdig. Gewohntes macht plötzlich keinen Sinn mehr.

Menschen, die sich für die Suche nach dem eigenen Selbst entschieden haben und ihren Lebensweg bewusst begehen, sollten immer wieder mutig und offen für neue Erfahrungen sein. Sie verlassen ihre vertraute Welt und wissen, sie werden sich auch den dunklen Seiten des Lebens stellen müssen. Eine solche Suche geht bis auf den Grund der Dinge und bleibt nicht beim Hörensagen, der Sehnsucht nach einer Scheinwelt oder einem Schönreden stehen. Niemand weiß, wer er wirklich ist, wenn er sich nicht auf die Wahrheit seines Wesenskernes einlässt.

Jeder Einzelne ist eine einmalige Lebensmelodie. Wir können diesem Thema folgen, um unsere Bestimmung zu entdecken. Die eigene Bestimmung zu entdecken bedeutet, die verschiedenen persönlichen und gesellschaftlichen Gebundenheiten zu erkennen und anzuerkennen, sich den daraus ergebenen Konflikten zu stellen und sie zu meistern, um sich von den Anhaftungen zu befreien und Freiheit zu entwickeln.

Die lange Reise durch die vielen Stationen des Lebens wird verstehbar, wenn wir berücksichtigen, dass sich jeder Mensch selbst darum kümmern muss, seine Gebundenheiten aufzuarbeiten, und dass er gleichzeitig darauf vertrauen kann, ein göttliches Bewusstsein zu haben. Das mag sich zunächst paradox anhören. Wenn wir aber wahrhaftig sind, dann erkennen wir, dass man das Leben nicht nur aus einer Perspektive betrachten kann. Wenn wir die Vielfältigkeit der Perspektiven akzeptieren, öffnet sich die Verbindungstür zwischen der Psychologie und der Esoterik.

Die Psychologie beschäftigt sich vordergründig mit der Aufarbeitung der persönlichen Gebundenheiten. Die Esoterik konzentriert sich auf die Entfaltung eines göttlichen Bewusstseins. Das kann zum Konflikt zwischen beiden führen. Psychologisch interessierte Menschen werfen den esoterisch orientierten häufig vor, sie würden in einer abgehobenen Spiritualität stecken bleiben. Umgekehrt werfen die esoterischen Menschen den psychologisch orientierten vor, sie würden die Spiritualität ausklammern.

Wir möchten mit diesem Buch deutlich zum Ausdruck bringen, welche positiven Wirkungen möglich werden, wenn sich die Psychologie von der Weisheit der Spiritualität befruchten lässt. In dieser Verbindung kann sich eine gewurzelte und lebenstüchtige Spiritualität entfalten. In dem Maße, wie die Gebundenheit an alte Muster, Wunden oder Glaubenssätze überwunden wird, wird der Mensch durchlässig für das allgegenwärtige göttliche Bewusstsein.

Mancher mag sich verwundern, eine wie lange Strecke unserer Reise wir uns erst einmal um unsere unterdrückten Gefühle kümmern müssen. Anschließend erfordert es große Aufmerksamkeit, einen angemessenen Ausdruck für unsere Gefühle zu finden, und schließlich müssen wir auch noch unseren inneren Beobachter entwickeln. Und diese große Entwicklungsspanne reicht dann erstaunlicherweise oftmals noch immer nicht aus, um dauerhaft im göttlichen Bewusstsein zu verweilen.

Wer sich schon lange auf der inneren Reise befindet und viele wertvolle Erfahrungen gemeistert hat, kann mit Recht stolz auf sich sein. Doch an dieser Stelle begegnet uns eine der vielen Paradoxien, denn nun müssen wir wieder loslassen, wofür wir so lange gearbeitet haben, wenn wir weiter voranschreiten wollen. Sich in den entdeckten Gefühlen zu baden, führt nun genauso wenig voran, wie den analytischen Verstand zu viel einzusetzen. Um jetzt weiterzukommen, müssen wir lernen, alles und jeden hundertprozentig anzunehmen, der uns begegnet. Die Buddhisten nennen das den weglosen Weg des Seins im Augenblick, den Weg der Meisterschaft. Das bedeutet die absichtslose Begegnung mit der Leere.

Vielleicht fragen Sie sich jetzt, warum geht ein Wanderer so viel Umwege? Warum kann er nicht direkt die auf das hundertprozentige Anzunehmen zustreben und den Ort der inneren Ruhe aufsuchen?

Die Antwort ist einfach: Wird dieser Raum zu früh gesucht, begegnen dem Wanderer statt der friedlichen Stille seine alten Verlassenheits- und Einsamkeitsgefühle und mit ihnen eine unangenehme Leere. Und diese dunkle und kalte Leere hindert ihn vehement daran, die helle Leere, den Zustand des All-Eins-Seins zu erfahren. In der Analogie des Labyrinths wird der Zugang zur Mitte bewusst hinausgezögert, damit der Wert der Langsamkeit entdeckt werden kann. Gerade Wanderer, die es nicht erwarten können, ihrer Mitte näher zu kommen, wollen noch immer etwas gewinnen, drängen danach, mehr zu haben als gestern. Sie sind noch nicht in der Absichtslosigkeit angekommen und akzeptieren noch nicht wirklich das, was ist, wie es ist.

Das Ziel des Lebenswegs ist der in sich ruhende Mensch, der ganz aus seinem göttlichen Bewusstsein heraus lebt. Bei der letzten großen Wende im Lebenslabyrinth, bei der es eigentlich schon auf die Mitte zugeht, fallen den Wanderern ihre Schritte schwer und sie werden mit ihrer Ungeduld konfrontiert. Dann beginnt in ihnen der Verdacht zu keimen, sie würden von Gott oder vom Schicksal nicht geliebt, obwohl sie doch schon so viele Hindernisse überwunden haben und so weit gewandert sind.

Und das ist nicht nur ein Gefühl, es ist vielmehr das umfassende und tiefgreifende, körperliche Erleben, die Verbindung zu den bisherigen Lebensperspektiven verloren zu haben. Die Wanderer kommen noch einmal mit ihrer größten Wunde in Berührung: »Ich werde von Gott nicht geliebt«, oder vom Schicksal oder von den Menschen. Dieses Gefühl, betrogen zu sein, nicht geliebt zu werden, ist genau das, was wir als Ich oder Ego bezeichnen. Das Ego ist kein Wesen oder Ding, sondern eine überwiegend unbewusste Tätigkeit, die aus noch immer unverarbeiteten Verletzungen entspringt. Die Verletzungen sind mit dem Gefühl von Angst verbunden, weswegen jeder hingebungsvollen Beziehung ausgewichen, jede mitfühlende Aufmerksamkeit verweigert wird. So wie wir uns bei einem körperlichen Schmerz verkrampfen führt seelischer Schmerz zur Selbstverkrampfung. Diese Verkrampfung dient dem einzigen Zweck, vor tiefen seelischen Verletzungen zu schützen und die Wiederholung schmerzhafter Erfahrungen zu vermeiden.

Es braucht Mut, sich aus dieser Verkrampfung hervorzuwagen. Doch wenn es gelingt, das Herz zu öffnen und dem eigenen Herzschmerz zu begegnen, wird eine innere Wendung möglich, die körperlich spürbar ist. Wenn sich das Herz öffnet, zeigt sich ein Gefühl von Weichheit und die Selbstverkrampfung schmilzt. Wenn das Leben auf diese Weise neu ausgerichtet wird, löst sich das Ego auf und ein Leben in spiritueller, immer gegenwärtiger Verbindung mit der zeitlosen einen Wahrheit kann gelebt werden. Dann ist das Gemüt von seliger Hingabe an die göttliche Wirklichkeit erfüllt und wir leben ganz im Hier und Jetzt.

Vom Ego befreit zu sein, bedeutet, von allen emotionalen Verkrampfungen befreit zu sein. Ohne diese Umwandlung des verkrampften Selbst, des Ego, in strahlende Liebe, gibt es keine verwurzelte Spiritualität und keine ›Erleuchtung‹. Erleuchtung ist die Befreiung vom Ego, von der Selbstverkrampfung, von der Vermeidung von Beziehungen. Menschen, die eine gewurzelte Spiritualität anstreben, müssen ihre kindliche Überzeugung völlig aufgeben, sie würden vom Schicksal betrogen und nicht geliebt.

Statt fortwährend zu jammern, man würde nicht geliebt, kann man sich die Frage stellen: »Wie liebend bin ich selbst?«

Wer liebt, ist Liebe und wird deshalb auch unweigerlich von anderen geliebt. Wer aber nur nach Liebe sucht, Liebe von anderen bekommen will, ist nicht Liebe und findet deshalb auch die Liebe nicht. So enthüllt sich das Geheimnis:

Liebe Deinen Lebensweg und jeden Menschen,
der Dir auf diesem Weg begegnet, bedingungslos –
einschließlich Deiner Selbst.

Zum Abschluss

Sei gut zu Dir, Wanderer

Sei gut zu Dir selber, das heißt in erster Linie, geh barmherzig mit Dir um. Gut zu mir zu sein bedeutet, mit mir selbst zu fühlen. Es heißt, mich dem verletzten Kind in mir verbunden zu fühlen, auf die eigenen inneren Wunden mit dem mitfühlenden Blick des Herzens zu sehen, mit der Zuwendung eines herzlichen Mitgefühles. Nicht gegen meine eigenen Schwächen und Verstrickungen zu wüten, sondern sich ihnen liebevoll zuzuwenden. Nur unter einem zärtlichen Blick wird sich ihre Armseligkeit wandeln.

Gut zu mir zu sein, meint also nichts anderes, als mein eigenes Herz dem zu öffnen, was in mir unglücklich, einsam und verstrickt ist. Wenn ich die Kunst lerne, mit dem Armseligen in mir herzlich und barmherzig umzugehen, kann gerade dieses Armselige zu einer Quelle des Segens und tieferen Glücks werden.

Gut zu sich zu sein, heißt nicht, seine eigenen Fehler nicht zu sehen. Doch auch nicht das Gegenteil. Es tut keinem gut, sich ständig selbst zu beschuldigen, sich in Schuldgefühlen zu zerfleischen und immer nur das Dunkle in sich zu sehen.

Wanderer, lerne zu akzeptieren, dass Du kein Held bist. Lass Dich durch Deine Schwächen und Verstrickungen nicht lähmen. Schau sie an, verdränge sie nicht. Akzeptiere, dass Du menschlich bist und arbeite an Deinen Schwächen. Aber verbeiße Dich nicht in sie. Wenn Gott Dir vergibt, darfst Du Dir auch vergeben. Sei barmherzig mit Dir selbst.

Danksagung

Wir Autorinnen fühlen große Dankbarkeit für viele Momente, für Erlebnisse auf dem Weg unserer Lebenslabyrinthe. Unsere Begegnung vor über zehn Jahren und den Start unserer späteren Zusammenarbeit bezeichnen wir als eine wunderbare Fügung. Wir glauben, dass der Himmel einen Plan für uns hat und unser Zusammentreffen von langer Hand vorbereitet wurde.

Wir können heute authentisch vorleben, was es heißt, in Verbundenheit zu sein und für eine Vision zu leben. Kahlil Gibran sagt: »Arbeit ist sichtbar gemachte Liebe.«[*] Die Wahrheit in dieser Aussage

[*]Der Prophet

erkennen wir in unserem eigenen Leben wie eine Spur, die wir im Lebenslabyrinth hinterlassen haben.

Wir praktizieren das schrittweise Wachstum, genauso wie wir es Ihnen in diesem Buch beschrieben haben. Unser Wachstum geschieht nicht chronologisch, nach der Kapitelfolge wie in diesem Buch, sondern in Hin- und Herbewegungen zwischen den beschriebenen Stationen. Auch wir sind überrascht, wenn nach langen Phasen der vertrauten Zusammenarbeit plötzlich wie aus dem Nichts alte Verletzungen aus unserer Kindheit auftauchen und unsere Beziehung vorübergehend erschüttern. Wir können diesen Prozess anschauen und beobachten, ohne den Versuch, etwas zu verändern. Wir sind bereit, stillzuhalten und bei den Gefühlen zu bleiben, wenn die Schatten ganz natürlich an die Oberfläche kommen und sich auflösen.

Sri Bhagavan und Amma, Bhagavans Frau Sri Padmavati Devi, unsere spirituellen Lehrer, unterstützen uns darin nicht nur mit ihrer allgegenwärtigen Gnade, in der unsere Herzen immer weiter erblühen können, sondern auch mit ihrer Aussage: »Wahrheit, wenn sie nicht Deine ist, bleibt Unwahrheit.«

Ganz gleich, durch welches Stadium der Prozesse wir unseren Klienten und Teilnehmern vorangehen, das Licht ist in uns lebendig, und wir sind mit der Fähigkeit gesegnet, es weiterzugeben. Wenn wir den stürmischen Winden erlauben, durch uns hindurchzuwehen, kommen wir aus dem Unwetter mit der vertieften Fähigkeit heraus, dem Einen zu dienen.

Wir danken unseren Seminarteilnehmerinnen und -teilnehmern für die vielen Herausforderungen, die sie uns bieten und auf die wir spontan und kreativ reagieren können, um daran zu wachsen.

Helga Mohrmann, Ilona Steinert, Januar 2009

Literaturempfehlungen

zur systemischen Paar und Familientherapie

Mohrmann, Helga; Steinert, Ilona: Wir leben die Liebe in wachsenden Ringen. München (Knaur) 2005
Mohrmann, Helga; Steinert, Ilona: So gewinnt die Liebe neues Leben. München (Knaur) 2006
Mohrmann, Helga; Steinert, Ilona: Von der inneren Sehnsucht nach äußerem Reichtum. Petersberg (Via Nova) 2007
Satir, Virginia: Meine vielen Gesichter. Wer bin ich wirklich? München (Kösel) 1988

zur Körpertherapie

Boyesen, Gerda: Über den Körper die Seele heilen. Biodynamische Psychologie und Psychotherapie. München (Kösel) 1987
Boyesen, Gerda: Von der Lust am Heilen. München (Kösel) 1995
Boyesen Gerda; Boyesen, Mona-Lisa: Biodynamik des Lebens. Die Gerda Boyesen Methode. Essen (Synthesis) 1987

zum Labyrinth

Canolini, Gernot: Im Labyrinth sich selbst entdecken. Freiburg, (Herder) 2001
Kern, Hermann: Labyrinthe. München (Prestel) 1982
Wolff, Uwe: Reise ins Labyrinth. Freiburg (Herder) 2001

zum göttlichen Bewusstsein

Beaumont, Hunter: Auf die Seele schauen. Spirituelle Psychotherapie. München (Kösel) 2008
Nadeen, Satyan: Handbuch zum neuen Erwachen. Aiwang (Windpferd) 2001

Kontakt zu den Autorinnen

www.isa-nord.de
www.ilona-steinert.de

Steve Rother

befreit leben

Die zwölf primären Lebens-lektionen meistern

224 Seiten
ISBN 978-3-88755-269-5

Guru Dev Singh

Sat Nam Rasayan

Die Kunst des Heilens

192 Seiten
ISBN 978-3-88755-314-2

Stephanie Merges-Wimmer

Transpersonale Imaginative Psychotherapie

Innere Bilder auf dem Weg der Heilung

208 Seiten
ISBN 978-3-88755-273-2